中國人口出生性別比及其影響因素的時空異質性研究

張紅歷 編著

摘　　要

出生性別比是反應生命之初性別平等狀況的基本指標,自20世紀80年代以來,中國的出生性別比逐漸偏離正常範圍(103~107),並由局部地區出生性別比偏高擴散為全國性出生性別比失衡。出生性別比偏高問題反應出中國人口性別結構的異常和失衡,對中國的人口發展和社會運行影響甚大。

近年來,各級政府為扭轉出生性別比失衡的局面,採取了一系列措施,初步取得了一定的成效,但仍未使其完全恢復正常水準。中國各地區的資源稟賦、發展水準、風俗習慣等方面存在較大差異,出生性別比升高的路徑也各具特點,各因素對其影響存在顯著的時空異質性。

關於這一主題的實證研究多忽略了出生性別比及其主要影響因素的時空特徵,導致研究結論不能細緻地反應影響因素的異質性。因此,本書利用1982年以來歷次人口普查數據和人口抽樣調查數據,以中國省域(含自治區、直轄市,除港澳臺地區)為研究對象。首先,採用描述性統計分析和空間統計分析對中國人口出生性別比的時空分異特徵進行深入探究;然後,構建經典計量模型、時間加權迴歸模型、地理加權迴歸模型、時空地理加權迴歸模型三種空間變系數模型,從經濟、社會、政策、醫療等方面,對中國省域出生性別比的影響及其時空異質性特徵進行估計與比較分析;最後,有針對性地提出治理中國出生性別比失衡的相關政策建議。

本書的主要結論為:

(1) 從新中國成立伊始,出生性別比經歷了合理期、快速上升期與穩定下降期的倒「U」形變化趨勢。變動特徵體現在時間、城鄉和孩次等方面,並且隨著中國經濟社會條件的變化,出生性別比表現出新的特徵和趨勢。總體上,中國出生性別比失衡與中國計劃生育政策的實施時間上存在同步性,表現為男嬰多、女嬰少,出生性別比失衡的程度大、持續時間長;出生性別比孩次差異明顯,高孩次出生性別比顯著失衡;出生性別比偏高存在普遍性,不分城

鄉、不分地區，失衡現象由局部地區向全國範圍擴展。

從時間上看，20世紀80年代，出生性別比從接近正常值到開始偏高，10年間由107.8上升至113.9，出生性別比持續偏高的現象初見端倪；20世紀90年代，出生性別比持續攀升；21世紀初的10年間，出生性別比增勢放緩，但依舊在高位徘徊，在2008年達到峰值120.6，出生性別比嚴重失衡，具有一定的普遍性、廣泛性和累積性。2009年以後，出生性別比持續攀高的態勢得到了有效遏制，並出現了穩定而顯著的「八連降」，2017年降至111.9，出生性別比治理成效顯著。

從城鄉差別上看，鄉村地區的出生性別比高於城鎮地區。1982年以來，城鎮和鄉村的出生性別比都呈上升趨勢，但鄉村地區上升更快，導致城鄉差別日益擴大，這種趨勢一直持續到2005年。在中國城鎮化快速推進時，流動人口大量增加，推動了城鎮出生性別比走高，鄉村出生性別比則有所回落，逐漸低於鎮域出生性別比。2010年之後，城市、鎮和鄉村的出生性別比都出現了較大幅度的回落，城鄉出生性別比之間的差距也逐漸縮小。

從孩次來看，1980—2015年，中國出生性別比隨孩次增加遞增，孩次越高出生性別比越大，其中二孩、三孩及以上孩次的出生性別比遠高於正常水準。2000年，二孩性別比和三孩及以上性別比分別高達151.9和159.4。高孩次的出生性別比異常偏高，這也是中國出生性別比持續失衡的主要原因之一。近年來得益於中國「單獨二孩」和「全面二孩」等計劃生育政策的調整，二孩、三孩及以上出生性別比出現了大幅回落，特別是二孩出生性別比的下降，使得全國出生性別比進一步回落。

(2) 從空間上看，中國出生性別比呈現出較大的地區差異。20世紀80年代初期，出生性別比失衡現象僅出現在個別的東部和中部省域，經過近三十年的發展，這種失衡逐漸演化為絕大多數省域普遍存在的問題，其中以中部省域的失衡程度最為嚴重，西部省域的出生性別比偏離正常範圍較小，且人口大省對出生性別比偏高的影響較大。人口出生性別比在地理空間上存在顯著的空間集聚特徵，「高值」集聚和「低值」集聚明顯，即出生性別比偏高的省域或偏低的省域與相鄰省域的出生性別比存在一定程度的空間關聯。

(3) 在出生性別比作用機制理論研究基礎上，以中國29個省域為研究對象，選取出生性別比作為被解釋變量，選取人均地區生產總值、總和生育率、少數民族人口占比、女性平均受教育年限、第一產業從業人口比例、農村每萬人養老機構數和每萬人醫療機構數作為解釋變量，構建經典計量模型和空間變系數計量模型，測度經濟、社會、文化等因素對出生性別比影響的時空異質特

徵。研究發現，所採用的四種實證模型，時空地理加權迴歸模型擬合效果好，表明在考慮了時間和空間因素後，模型的解釋能力顯著提高。

模型估計結果顯示，總體上經濟發展對出生性別比的影響主要為正效應，表明對於中國大部分省域而言，在研究時段的大部分時間內，經濟發展水準的提升促進了出生性別比的升高，特別是東部地區的部分省域有著更為顯著的正效應。但是，隨著經濟持續的快速發展，其對出生性別比的正向作用強度逐漸減弱，負向作用效應逐漸增強，省域之間的影響效應進一步增大，西部地區省域率先轉變為負效應，表明經濟發展對於出生性別比升高起到了一定的抑製作用。

總和生育率和少數民族人口占比用來表徵社會因素中生育政策對出生性別比的影響。其中，自中國 1978 年正式實施「獨生子女」計劃生育政策以來，總和生育率總體上呈緩降趨勢，進入 21 世紀，在微升之後開始穩中略降。它對出生性別比的影響，隨時間演變呈「U」形趨勢，在研究階段期初和期末多為正向，中間階段隨著時間演變呈現出顯著變化。其中，1989 年以負效應為主，2000 年後則以正效應為主，且正效應範圍逐漸擴大，作用強度也明顯增加，省域之間的空間差異性也逐漸增大。理論研究認為：生育率越低代表政策空間與意願空間的差距越大，對於生育空間的擠壓也越大，因此性別失衡也會越嚴重。但是，本書的研究結論與理論預期不一致，認為對於中國而言，在研究階段內生育率越高的地方出生性別比越高，這一現象值得關注。

中國根據不同民族和民族地區的人口數量、人口分佈、自然生存條件以及社會經濟發展等因素制定相應的少數民族生育政策。相對而言，少數民族較漢族有著更為寬鬆的生育政策。因此，本書採用少數民族人口占比指標反應在偏緊的生育政策大環境下，相對寬鬆的生育政策對出生性別比的影響效應。研究結果表明，少數民族人口占比對出生性別比的影響強度以負效應為主，表示在偏緊的生育政策大環境下，相對寬鬆的生育政策對出生性別比有著抑製作用，且隨著時間演變，負效應的省域逐漸增多，負效應強度也逐漸增強。空間上，作用強度北方省域總體上大於南方省域，且隨著時間演變朝著均衡方向發展。

女性平均受教育年限可以從一定程度上反應女性的社會地位，在中國出生性別比升高的近 40 年間，女性地位有了顯著提升。研究結果顯示，1980—2000 年，對於絕大部分省域而言，女性受教育水準對出生性別比的影響效應為正值，且到 2000 年其正向作用強度呈現增大的趨勢，但在 2010 年這一正效應則有所減弱，為負效應的省域開始逐漸增多，且負效應強度也有所增強。空間上，則呈現出較大的差異性，1981 年除西藏和新疆之外，西部地區省域女

性受教育程度對出生性別比升高多為正效應，且影響強度較大，中部地區省域次之；2010 年，有 12 個省域為負效應，以東部和中部省域居多，逐漸趨向「女性地位越高出生性別比越低」的理論預期走向。

第一產業從業人口比例可以用來測度中國生育文化中「男孩偏好」對出生性別比的影響。總體上，關於第一產業從業人口比例對出生性別比的影響方向，正效應占據主體地位，特別是在 1981—1989 年，表明農業人口比例越高出生性別比也越高。隨著時間演變，個別省域的影響效應逐漸從正向轉變為負向，且省域之間的差異擴大，為負效應的省域有所增多。表明在計劃生育政策實施的初期，在對生育數量進行了限制之後，人們對男孩表現出強烈的偏好。隨著經濟、社會發展以及文化水準的提升，男孩偏好逐漸有所緩解。

每萬人擁有醫療機構數從一定程度上反應了人們獲取性別選擇技術的便利性。總體上，中國醫療水準對出生性別比的影響以負效應為主，在早期大部分省域並沒有呈現出明顯的對於出生性別比的推動作用；2000 年開始，影響為正效應的省域開始增多，系數分佈呈現出右偏形態，空間上的差異顯著增大。作用方向和強度都表現出明顯的空間集聚性，期初影響效應由南到北逐漸增大，期末西部地區的新疆、西藏、甘肅、寧夏、四川、雲南及東北三省的醫療水準對出生性別比的影響轉變為正效應，表明隨著醫療水準的不斷進步，人們通過人為選擇胎兒性別實現男孩偏好的可能性增加，從而推動出生性別比上升。

農村每萬人擁有養老機構數用以測度社會保障制度建設對於中國出生性別比的影響。研究結果表明，中國各省農村每萬人擁有養老機構數對出生性別比的影響總體上為負效應，各省域之間的空間差異性在 2000 年後較為顯著，表明中國社會保障制度的進一步完善對出生性別比失衡的治理起到了重要的作用。只有進一步完善社會保障制度建設，切實解決人們的養老和醫療問題，徹底改變傳統「養兒防老」的生育觀念，才能從根本上解決出生性別比失衡問題。

由上述分析可知，中國出生性別比在高位運行了數十年之後，目前得到了有效的遏制，但是並沒有回到正常範圍。按照出生性別比發展一般規律，越是接近正常值，其下降難度越大。中國出生性別比失衡的問題，不論是在其自身特徵還是其影響因素方面，都表現出了顯著的時空分異特徵。結合實證研究和文獻研究，本書提出如下政策建議：注重人口發展的戰略性、全局性和長期性，從國家宏觀層面進行出生性別比治理的統籌安排，構建系統性的社會治理框架，促進性別平等；進一步加強文化教育，樹立性別平等意識，充分激活女

性就業動力；全面落實「二孩政策」，保障婦女權益；通過稅收減免、費用補貼等多重方式減少家庭教育費用負擔，增建教育、醫療等基礎設施；重視人口性別比的地區差異和城鄉差異，在制定應對措施時有區別地進行；加強監督，嚴厲打擊非醫學需要的胎兒性別鑒定；完善社會保障制度及配套政策，解決醫療及養老後顧之憂。

關鍵詞：出生性別比；性別失衡；時空異質性

目　錄

1　緒論 / 1

　1.1　研究背景及意義 / 1

　　1.1.1　研究背景 / 1

　　1.1.2　研究意義 / 4

　1.2　文獻綜述 / 5

　　1.2.1　文獻計量分析 / 5

　　1.2.2　出生性別比是否存在假性失衡 / 10

　　1.2.3　出生性別比影響因素及其作用機制 / 13

　　1.2.4　出生性別比失衡的後果 / 21

　　1.2.5　出生性別比失衡的綜合治理 / 23

　　1.2.6　文獻評述 / 24

　1.3　研究內容、方法及技術路線 / 25

　　1.3.1　研究內容 / 25

　　1.3.2　研究方法 / 26

　　1.3.3　技術路線 / 27

　1.4　創新點 / 27

2　基礎理論與研究方法 / 28

　2.1　微觀個體生育行為的經濟學分析 / 28

2.2 出生性別比失衡機制的理論研究 / 31

2.3 出生性別比的主要影響因素分析 / 37

2.4 空間計量經濟學模型 / 40

    2.4.1 空間自相關性 / 40

    2.4.2 空間異質性 / 41

    2.4.3 地理加權迴歸模型 / 41

    2.4.4 時空地理加權迴歸模型 / 42

3 中國省域出生性別比的時空分異特徵 / 43

3.1 基本概念、指標意義與時代背景 / 43

    3.1.1 性別比相關概念 / 43

    3.1.2 出生性別比的正常值範圍 / 44

    3.1.3 中國生育政策的形成與發展 / 46

3.2 中國全國出生性別比時間特徵 / 47

    3.2.1 全國出生性別比 / 47

    3.2.2 東中西部出生性別比 / 52

    3.2.3 分孩次出生性別比 / 55

    3.2.4 城鄉出生性別比 / 57

    3.2.5 女性不同生育年齡的出生性別比 / 61

    3.2.6 女性不同受教育程度的出生性別比 / 62

3.3 中國省域出生性別比的空間特徵 / 63

    3.3.1 中國省域出生性別比的空間差異 / 63

    3.3.2 中國省域出生性別比的空間分佈及結構 / 66

    3.3.3 中國省域出生性別比的空間變化 / 90

    3.3.4 中國省域出生性別比升高的貢獻率分析 / 92

4 中國省域出生性別比影響因素的實證分析 / 108

    4.1 變量選取與數據來源 / 108

    4.2 變量描述性分析 / 112

    4.3 模型設定 / 114

    4.4 實證結果及分析 / 116

        4.4.1 OLS 迴歸模型結果 / 116

        4.4.2 空間變系數模型結果 / 117

        4.4.3 出生性別比影響效應的時空性分析 / 119

5 主要結論與政策建議 / 145

    5.1 主要結論 / 145

    5.2 政策建議 / 147

    5.3 不足與展望 / 150

參考文獻 / 151

附錄　實證模型基礎數據 / 162

1 緒論

1.1 研究背景及意義

1.1.1 研究背景

過去 40 年中國經歷了世界上最快的生育率轉變，但同時也出現了另一種重大的人口轉變趨勢，即自 20 世紀 80 年代以來出生人口性別比（簡稱出生性別比）不斷上升。其被看作是中國人口年齡性別結構轉變的重要特徵之一，引起了政府及社會各界的大量關注（楊菊花，等，2009）。伴隨著中國人口發展進入深度轉型期，人口發展的內在動力和外部條件發生了重要的轉折性變化，人口發展不平衡、不充分問題已上升為中國人口發展的主要矛盾（何維，2019）。

出生性別比（Sex Ration at Birth，SRB），是指某一時期（通常為一年）內活產男嬰與活產女嬰人數之比，一般以每 100 名女嬰對應男嬰的人數表示（姜全保，等，2019）。出生性別比是人口學研究的重要指標之一，是人口性別年齡結構發展變化的自然基礎和人口性別的動態起點（李智，等，2016）。從嚴格意義上說，這一數值並不是出生人口真實的性別比，但在每年出生人口數達到一定規模滿足大數定律時，可以認為出生性別比與真實值差異不大（胡耀嶺，2010）。在沒有人為因素干擾的情況下，出生性別比僅受到自然生物因素的影響，應是一個穩定的統計指標，可以作為判斷一國（地區）性別結構是否合理的重要依據。

人口是社會發展的基石，一切社會經濟活動都離不開人這一主體，因此一個社會的可持續發展內在要求人口具有合理的結構。性別結構是人口結構的基本要素之一。出生性別比是否處於一個合理範圍，不僅對總人口性別比以及分年齡性別比具有決定性作用，還影響著未來的人口增長趨勢，在一定程度上對

一國（地區）的社會經濟運行產生深遠影響。從生物學的角度出發，在一般且隨機的情況下，人類新生兒的性別比例理應趨近於 1∶1，而在統計學與人口學的視角下，國際上認可的出生人口性別的自然範圍為 103~107（楊鑫宇，2019）。中國出生性別比則遠超出這一值域範圍，呈現如下特徵：

1. 出生性別比長期居高不下

中國出生性別比偏離正常範圍這一問題，並不是始終存在，而是自 20 世紀 80 年代後才出現的。1982 年中國第三次人口普查公布 1981 年中國全國出生性別比為 107.6 之後，開始有學者注意到這一異常現象。此後中國的出生性別比在小幅波動中連年攀高，第四次人口普查顯示 1989 年全國出生性別比為 111.9，第五次人口普查顯示 2000 年全國出生性別比為 119.9，2007 年達到歷史峰值 125.5 之後小幅回落，第六次人口普查顯示 2010 年全國出生性別比為 121.2，嚴重偏離了出生性別比的正常範圍。

從區域來看，中國出生性別比城鄉差距較大，鄉村的出生性別比明顯高於城市。2000 年，全國鄉村出生性別比為 121.9，城市出生性別比為 114.4，鄉村高出城市 7.5 個百分點；2010 年，鄉村出生性別比為 119.9，而城市出生性別比為 115.7，鄉村高出城市 4.2 個百分點（黃國華，等，2018）。另浙江大學 2017 年發布的《中國農村家庭發展報告（2016）》顯示，中國農村 0~4 歲少兒男女性別比已到 122，孩次越高性別比也越高，第二、三胎性別比失衡達到了 125.4 和 146.3，尤其是當第一胎是女孩時，第二胎的男女性別比例高達 194.3，孩次越高性別比失衡越厲害（楊華，2019）。

對於出生性別比偏高，學者們認為很大一部分原因，是 1978 年中國實行的計劃生育政策，通過限制生育數量的方式壓縮了人們的生育空間，而在男性偏好傳統觀念的驅使下，人為的性別選擇方式干擾了本應正常的生育結果（林建宇，2016）。為扭轉出生性別比失衡的局面，政府也出抬了一系列措施，如 2002 年頒布了《關於禁止非醫學需要的胎兒性別鑒定和選擇性別的人工終止妊娠的規定》，2003 年國家人口計生委在部分試點縣開展「關愛女孩行動」，對農村的獨女戶和純女戶施行針對女孩教育、父母社保和家庭財政的政策扶持或物質獎勵。這些舉措在短期雖然取得了一定成效，但從長期來看，並未從根本上解決中國出生性別比失衡這一問題（范子英，等，2017）。

2. 出生性別比由初期個別省域失衡逐步發展為全國普遍失衡

在第三次人口普查公布的數據中，1981 年僅有安徽、廣西、廣東、河南、山東、陝西、山西、江蘇、浙江、吉林、四川和河北，共計 12 個省域出生性別比超過 107，最高超出幅度只有 4.0%。但是，到 2010 年，第六次人口普查

顯示，全國僅有西藏和新疆沒有失衡，其餘均超過出生性別比正常範圍，且超出幅度較1981年顯著增加。如安徽出生性別比甚至高達131.1，超出正常範圍最高值22.5%，超過120的省域更是多達12個。僅經過29年的時間，出生性別比失衡的範圍就由最初的不到半數擴散到了絕大部分，且失衡的程度進一步加深，如此嚴重的持續性失衡說明出生性別比偏高的現象不是一時一地偶然發生的，而是有著植根於廣大地區的深層原因。

3. 中國是迄今為止世界上出生性別比失衡最嚴重的國家

出生性別比失衡並不是中國獨有的問題，在其他國家（地區）也曾經出現過，如韓國、印度等，但像中國這樣失衡程度異常嚴重且持續時間長達三十多年的，迄今為止，在世界範圍內還沒有第二個國家（地區）發生過（楊菊華，等，2015）。中國已經成為世界上出生性別比異常偏高的國家，同時也是發展中人口大國在人口轉變階段出生性別結構嚴重失衡的國家（胡耀嶺，原新，2012）。聯合國發布的《世界人口展望2017》，以每五年為一個時間段，共統計了200個國家（地區）的出生性別比，發現1970年以來，全世界曾有18個國家（地區）出現過出生性別比失衡，當中失衡程度較為嚴重的有9個（出生性別比曾高於110），如圖1.1所示。

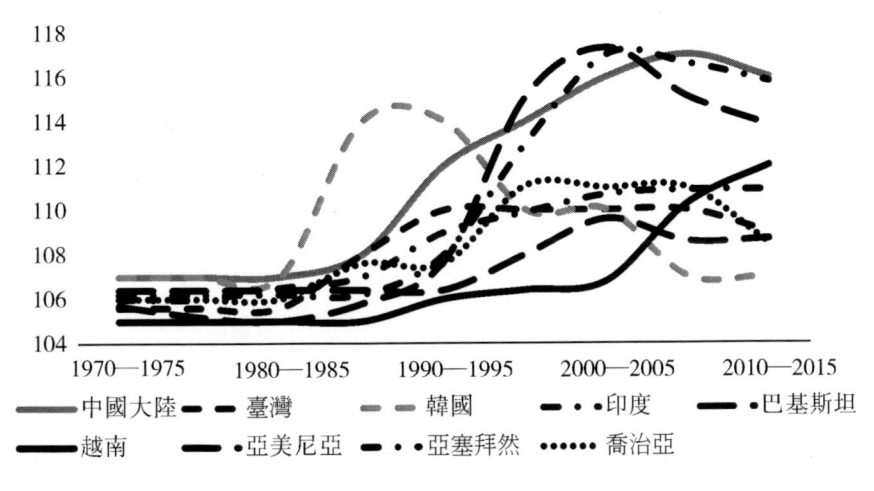

圖 1.1　部分國家出生性別比（1970 - 2015年）

數據來源：World Population Prospects 2017 [EB/OL]. https://population.un.org/wpp/Download/Standard/fertility, 2019-03-09.

由圖1.1可知，這9個國家（地區）出生性別比的失衡幾乎都發生在1980年以後，其中較為嚴重的是中國大陸、韓國、亞美尼亞和阿塞拜疆，它們的出生性別比至少有兩個時間段高於114。韓國的出生性別比自2005年後，

逐漸下降回落到正常水準，而亞美尼亞和阿塞拜疆出生性別比失衡的出現比中國大陸晚了10年。其餘4個國家（地區）的出生性別比失衡，或發生的時間晚於中國大陸，或失衡的程度不如中國大陸嚴重。在世界上出生性別比失衡的國家中，中國的出生性別比失衡持續時間最長、問題最嚴重（顧寶昌，2011）。

出生性別比失衡不但是重大的人口問題，而且是重大的社會經濟問題，會對國家發展和人民生活產生諸多不利影響。如性別比例失衡會限制女性的生存權和發展權，造成男性的婚姻擠壓，進而影響家庭穩定，引發一系列社會問題和矛盾。中國出生性別比長期持續偏高引起了政府有關部門的高度重視，儘管採取了多項措施進行綜合治理，但迄今為止這一失衡局面尚未逆轉。要想解決這一問題，首先必須厘清造成出生性別比偏高的原因及其作用機制，進而採取有針對性的、行之有效的措施（劉華，等，2014）。

近40多年來，學者們對中國出生性別比的特徵、失衡的原因、作用機制、後果、綜合治理等方面進行了大量理論和實證研究（喬曉春，2004；楊菊華，2008；陳友華，等，2009；Echávarri, Ezcurra, 2010；劉華，等，2014）。儘管研究成果豐富，但是對於出生性別比的影響因素及其作用機制存在不同看法。同時，以往研究多採用經典統計分析方法和傳統計量模型，假設研究樣本在時空上同質獨立；但在實際中，由於中國幅員遼闊，民族眾多，不同地域間在自然環境、發展水準、社會風俗等方面存在諸多不同，因此經濟、社會行為或活動等也具有顯著的時空特徵。現有研究多忽略了出生性別比及其影響因素的時空分異特徵，導致研究結論存在誤差。因此，有學者提出在分析出生性別比失衡問題時，考慮到此現象在中國存續時間長、覆蓋範圍廣，有必要引入時空分析視角和相應方法（胡耀嶺，2010；劉華，等，2014；閆邵華，等，2018）。但是，受限於研究方法的發展，針對中國出生性別比影響因素及其時空異質性的研究成果並不全面和深入。

綜上，本書利用中國1982年以來歷次人口普查數據，從中國選取29個省（直轄市、自治區）（簡稱省域）為研究對象，採用描述性統計分析、空間統計分析和空間計量模型中的時空地理加權模型，對中國出生性別比時空特徵及其影響因素的時空異質性進行深入探究，進一步識別各因素對中國出生性別比影響的時間和地區差異，並有針對性地提出治理出生性別比失衡的相關建議。

1.1.2 研究意義

人口問題始終是制約中國社會協調可持續發展的重大問題，是影響經濟高

質量發展的關鍵因素。中國不但是世界上人口最多的國家，人口基數大、新增人口多，而且出生性別比偏高現象已經在中國持續了近40年，影響時間長、範圍廣。雖然這一問題已經引起了全社會的普遍關注，政府部門也高度重視，並出抬了一系列政策措施，在綜合治理背景下，持續升高的出生性別比趨勢也得到了有效遏制，但是並沒有迴歸到正常範圍，要使其恢復到正常水準仍存在較大難度。出生性別比失衡對人口結構影響非常明顯，可能帶來的人口與社會經濟後果也是複雜和久遠的，影響著社會經濟協調發展和可持續發展。

對出生性別比失衡進行治理，要在對偏高的出生性別比全面、客觀和準確的認識基礎上實現。出生性別比偏高只是一種表象，它的背後有著複雜的社會、經濟、文化和政策方面的動因。加之中國國土面積廣闊，省域的失衡又各具特點，只有在充分瞭解各項影響因素及其作用機制的基礎上，才能有的放矢地解決這一問題。本書從時空異質性視角出發，在探究中國出生性別比發展歷史及現狀的基礎上，採用空間統計分析方法和空間計量模型，旨在厘清中國出生性別比升高的主要影響因素及其作用機制的時空異質性特徵，希望從實證視角，進一步豐富中國出生性別比失衡問題的理論研究。同時，更有針對性地提出對策建議，為政府決策提供有效參考。從這一視角出發，研究中國出生性別比及其影響因素的時空異質性特徵，具有一定的研究意義。

1.2 文獻綜述

1.2.1 文獻計量分析

對中國出生性別比的研究，起步於20世紀80年代中後期。1982年全國出生性別比為108.5，已超出正常值範圍。但是，由於之前年份數據偶爾也會超出正常值域範圍，因此並沒有引起人們足夠的警覺和重視。那時只有個別從事人口研究的學者如張皖松等（1983）、李伯華（1983）、劉爽（1985）等注意到這一問題並撰文論述，但多為定性描述分析，對於這一問題的研究並不深入。直至1987年1%人口抽樣調查顯示全國出生性別比升至110.9，以及1990年第四次人口普查顯示全國出生性別比升至111.3，學術界開始廣泛關注中國出生性別比偏高的問題，並對此進行深入研究（周全德，2013）。

以「出生性別比」為關鍵詞，在中國知網中的「主題」中進行搜索，截至2019年7月30日，共檢索到3,242篇相關文獻。其中，中文文獻為2,020篇，最早發文時間為1982年，發文的高峰時期為2012年，發表了159篇相關

文獻，發表年度趨勢如圖1.2所示（2019年數據為預測值）。

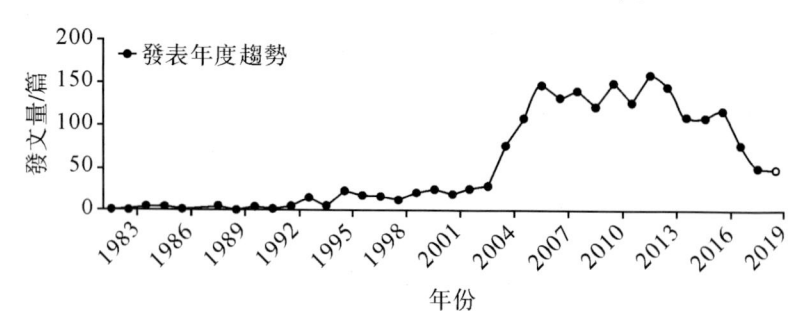

圖1.2 中國知網中「出生性別比」文獻發表年度趨勢

由圖1.2可知，學界對中國出生性別比問題的研究經歷了緩慢增長、快速增長、穩定發展與逐漸回落四個階段。1983—2003年發文數量緩慢增長，其中1990年代初，每年發文數量約為20篇；2004—2012年，隨著2000年第五次人口普查和2010年第六次人口普查數據發布，每年的發文量快速增長到接近百篇並保持小幅波動，2012年達到最大值159篇之後，對這一問題的研究熱度逐漸回落，2018年全年發文51篇。預計2020年第七次人口普查開始後，隨著相關數據的公布，對「出生性別比」問題的研究會再次成為熱點。中文文獻發表數量居前10位的學者及其主要研究主題如表1.1所示。

表1.1 中國知網中「出生性別比」文獻發表數量前10位學者及其主要研究主題

編號	作者	單位	發文量	主要研究主題
1	李樹茁	西安交通大學	43	人口性別結構演變 性別失衡後果、風險及治理 婚姻擠壓 出生性別比治理 性別失衡與社會可持續發展 出生性別比與計劃生育政策 男孩偏好
2	原新	南開大學	22	出生性別失衡形勢、特徵與治理 生育政策與出生人口 出生性別比影響因素分析
3	湯兆雲	華僑大學 河北大學	23	選擇性生育 出生性別比綜合治理 生育政策、經濟水準、技術性因素對出生比偏高的影響 女性赤字及其後果

表1.1(續)

編號	作者	單位	發文量	主要研究主題
4	劉爽	中國人民大學	17	性別偏好及其地區差異 出生性別比識別、特點與成因 出生性別比變化、趨勢 世界人口出生性別比
5	陳友華	南京大學	16	出生性別比偏高的原因、後果及治理 繼發性性別失衡 性別偏好、性別選擇與出生性別比 婚姻擠壓、男性人口過剩 生育政策與出生性別比
6	翟振武	中國人民大學	14	出生人口的新變化、趨勢 基於不同來源數據的出生性別比分析 出生性別比水準與數據質量研究 人口均衡型社會
7	楊雪燕	西安交通大學	14	性別失衡的公共治理 農村地區性別失衡男性行為研究
8	陳衛	中國人民大學	13	出生性別比偏高的長期後果 生育政策與出生性別比失衡 外來人口對城市地區性別比的影響 性別偏好與婦女生育行為
9	曾毅	北京大學	13	出生性別比升高原因及其後果分析 二孩生育政策與出生性別比
10	宋健	中國人民大學	12	寬鬆生育政策環境下的性別比失衡 性別偏好的代際影響 性別失衡治理——協調社會政策

備註：以上文獻數據收集時間截至2019年7月30日。

　　由表1.1可知，上述學者主要圍繞著中國「出生性別比」問題展開了一系列研究，研究內容聚焦於「出生性別比的形勢與特徵」「出生性別比失衡影響因素」「出生性別比失衡後果」「性別偏好」「生育政策與出生性別比」「生育行為與出生性別比」「出生性別比治理」等方面。在發表的中文文獻中，被引次數最高的20篇文獻如表1.2所示。

表 1.2　中國知網中「出生性別比」文獻被引次數前 20 篇

編號	作者	題目	出處	引用次數
1	喬曉春	性別偏好、性別選擇與出生性別比	中國人口科學，2004	197
2	鄭偉，林山君，陳凱	中國人口老齡化的特徵趨勢及對經濟增長的潛在影響	數量經濟技術經濟研究，2014	169
3	曾毅，顧寶昌，涂平，等	中國近年來出生性別比升高原因及其後果分析	人口與經濟，1993	159
4	原新，石海龍	中國出生性別比偏高與計劃生育政策	人口研究，2005	146
5	郭志剛	中國的低生育水準及其影響因素	人口研究，2008	138
6	曾毅	試論二孩晚育政策軟著陸的必要性與可行性	中國社會科學，2006	134
7	郭志剛，鄧國勝	中國婚姻擁擠研究	市場與人口分析，2000	127
8	穆光宗	近年來中國出生性別比升高偏高現象的理論解釋	人口與經濟，1995	125
9	楊發祥	當代中國計劃生育史研究	浙江大學，2004	120
10	李樹茁，姜全保，伊莎貝爾·阿塔尼，費爾德曼	中國的男孩偏好和婚姻擠壓——初婚與再婚市場的綜合分析	人口與經濟，2006	114
11	張二力	從「五普」地市數據看生育政策對出生性別比和嬰幼兒死亡率性別比的影響	人口研究，2005	95
12	顧寶昌，徐毅	中國嬰兒出生性別比綜論	中國人口科學，1994	94
13	顧寶昌，羅伊	中國大陸、臺灣省和韓國出生嬰兒性別比失調的比較分析	人口研究，1996	92
14	劉爽	對中國生育「男孩偏好」社會動因的再思考	人口研究，2006	91

表1.2(續)

編號	作者	題目	出處	引用次數
15	解振明	引起中國出生性別比偏高的三要素	人口研究，2002	90
16	陳友華，米勒·烏爾里希	中國婚姻擠壓研究與前景展望	人口研究，2002	87
17	張翼	中國人口出生性別比的失衡、原因與對策	社會學研究，1997	87
18	曾毅	中國人口老化、退休金缺口與農村養老保障	經濟學（季刊），2005	86
19	劉中一	場域、慣習與農民生育行為布迪厄實踐理論視角下農民生育行為	社會，2005	85
20	李冬莉	儒家文化和性別偏好：一個分析框架	婦女研究論叢，2000	82

表1.2中高引用率的文獻，是本研究領域中的經典文獻，其研究主題與表1.1中總結的主要研究內容基本一致。在已發表文獻的中文文獻中，主要關鍵詞排序和關鍵詞共引網絡圖，分別如圖1.3和圖1.4所示。

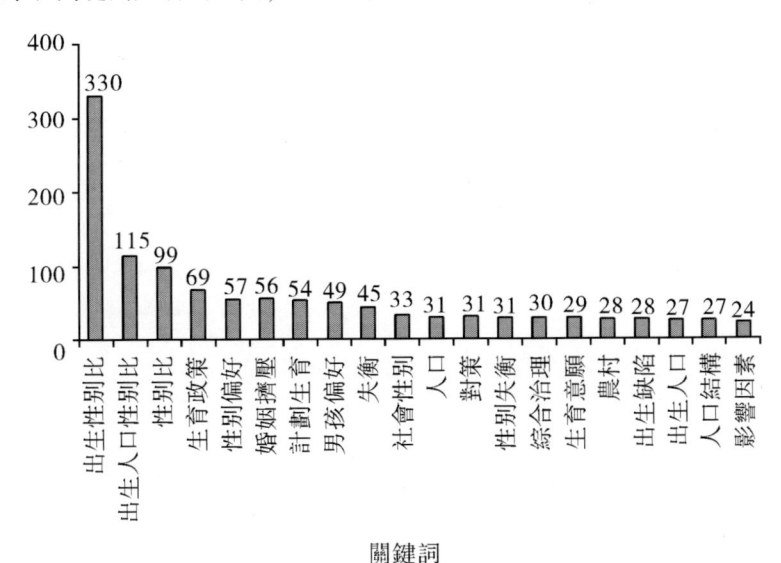

關鍵詞：出生性別比 330、出生人口性別比 115、性別比 99、生育政策 69、性別偏好 57、婚姻擠壓 56、計劃生育 54、男孩偏好 49、失衡 45、社會治理 33、人口 31、對策 31、性別失衡 31、綜合治理 30、生育意願 29、農村 28、出生缺陷 28、出生人口 27、人口結構 27、影響因素 24

圖1.3 中國知網「出生性別比」文獻關鍵詞排序

1 緒論 | 9

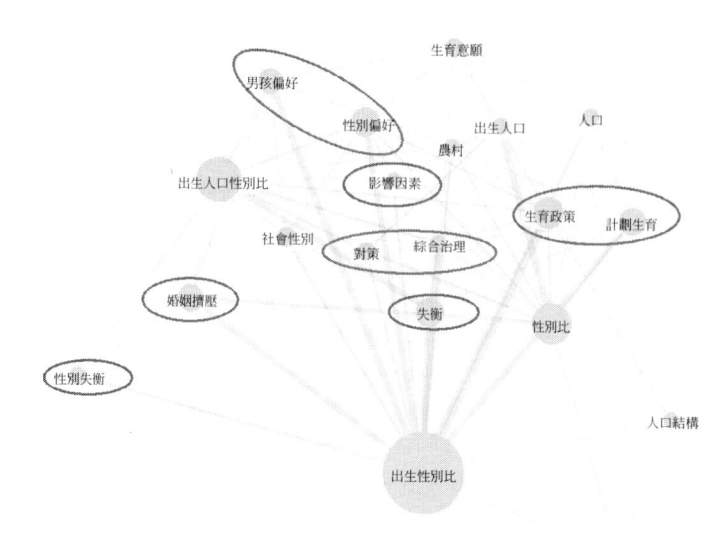

圖 1.4　中國知網「出生性別比」文獻關鍵詞共引網絡圖

與對表 1.1 和表 1.2 的總結類似，由圖 1.3 和圖 1.4 可知，學者們針對「出生性別比」的研究，主要聚焦在「性別失衡」「婚姻擠壓」「計劃生育政策」「男孩或性別偏好」「對策與綜合治理」「影響因素」等主要方面。

綜合上述對「出生性別比」主題文獻的計量分析可知，從宏觀層面看，目前學者針對中國出生性別比問題，按研究內容分類和時間脈絡主要開展了以下三方面研究：第一，1982 年「三普」到 1990 年「四普」，研究圍繞著中國出生性別比是否存在失衡展開；第二，20 世紀 90 年代中後期，中國出生性別比嚴重失衡的事實引起了政府部門和專家學者們更多的關注，研究重點聚焦於出生性別比偏高的事實、特徵、影響因素及其作用機制方面；第三，2000 年「五普」之後，學者們的研究重點集中在出生性別比失衡對社會的影響效應及其綜合治理方面。下面按照這一研究脈絡進行細緻的文獻綜述。

1.2.2　出生性別比是否存在假性失衡

20 世紀 80 年代中期至 90 年代中期，對中國出生性別比的研究處於初期階段。這一階段的研究多以描述統計分析和定性分析為主，利用人口普查的數據資料對中國出生性別比的時間、地區、孩次等特徵進行分析。研究重點集中在出生性別比的正常範圍確定和中國統計數據上顯現出的出生性別比偏高是「真實失衡」還是「假性失衡」上。

首先，需要厘清的關鍵問題是：一國（地區）的出生性別比是否存在一

個確定的正常值範圍，倘若不存在這樣一個值域，那麼討論出生性別比是否失衡也就失去了意義。關於出生性別比的正常範圍，國內外學者依據不同數據進行了多項研究。如Johansson和Nygren（1991）分析了瑞典自1749年以來240年的出生性別比數據，發現該國出生男女的性別比波動範圍微小，其值基本保持在105~106，且在不同地區、孩次及母親年齡的分組中沒有顯著差異。Parazzini等（1998）利用世界衛生組織數據庫的數據，對29個國家1950—1994年的出生性別比變化進行了一次較大規模的統計分析，結果顯示在該樣本區間內，有16個國家的新生嬰兒性別比下降，6個國家升高，7個國家保持平穩。出生性別比升高的國家主要集中在南歐國家及澳大利亞，而西歐國家和墨西哥的出生性別比則表現出下降趨勢，主要國家如歐盟各國、美國和日本出生性別比走勢平穩，分別穩定在105.8、105.3和105.7。劉爽（2009）利用《聯合國人口年鑒》中具有一定代表性的發達國家（地區）和發展中國家（地區）數據，對這些國家（地區）20世紀80年代與90年代的出生性別比進行描述性分析，發現在所統計的62個國家（地區）中，有91.9%的國家（地區）平均出生性別比都在103~107，當中又以處於105的國家（地區）最多，占到統計總數的46.8%。

諸多統計事實表明，在自然狀態下出生性別比正常取值應為105±2，且該值在不同時間不同地域都表現出了一定的穩定性，可以認為當某一國（地區）的出生性別比高於107時，即認為存在出生性別比失衡事實。在確定了出生性別比正常範圍之後，學者們的研究開始轉向中國出生性別比升高是「真實失衡」還是「假性失衡」的爭論，這一階段歷經10年，從沉寂、爭論到認同，走過了一段非常漫長、曲折的歷程（湯兆雲，2014）。

所謂假性失衡，是指出生性別比數據表現出的女嬰缺失，實際上是由於瞞報或漏報造成的，這些女嬰是真實存在的，只是沒有在報送中納入統計，從而在數據上造成了出生性別比的假性失衡（楊雲彥，等，2006；胡耀嶺，2010）。或者，換句話說中國出生性別比升高只是一個被表面現象掩蓋的假問題。關於這一問題的爭論，有如下三種觀點：

第一種觀點認為中國出生性別比失衡是客觀存在的事實。如劉爽（1988）分析了第三次人口普查2,000多個縣級匯總數據，認為中國的出生性別比失衡是在全國範圍內普遍存在的，且隨地勢的升高而呈現遞減態勢，出生性別比分別高於110的縣份幾乎全部集中在人口密度線的東南部分；1981年農村、少數民族的出生性別比高於同期城市、漢族的水準。喬曉春（1992）基於第三次人口普查、1987年的1%人口抽樣調查以及第四次人口普查的數據，認為中

國出生性別比偏高具有持續上升的特點與趨勢，中國新生嬰兒的性別失衡不僅是統計事實，而且還體現出不穩定性，這與國際上其他國家的出生性別比通常穩定在103~107有明顯的不同。

第二種觀點則認為中國出生性別比偏高是統計數據失真的假性失衡。如徐毅和郭維明（1991）研究發現，1985年以後中國出生性別比的異常升高主要是由農村出生性別比增高造成的，具體而言，是農村計劃外生育出生性別比明顯高於正常值所致。他們認為引起出生性別比失衡的原因主要是農村出生統計中存在漏報、瞞報女嬰的現象。曾毅和顧寶昌等（1993）使用存活反推法，即以後一期調查數據反推出前一期「應有」出生人數，或用人口普查中高年齡組（5歲以上）估算出低年齡組的性別比，再與實際登記的出生性別比對比，發現女嬰的漏報率是男嬰的2倍以上，故認為中國20世紀80年代出生性別比失衡超出正常部分的1/2~1/3部分是由於女嬰漏報造成的。顧寶昌和徐毅（1994）認為出生性別上的瞞、漏、錯報是形成中國目前統計數據中出生性別比升高失衡的重要因素。國外研究學者稱這種情況為「女孩失蹤」現象，也進行了一些相應研究。Cai和Lavely（2003）認為「女孩失蹤」有「實際失蹤」和「名義失蹤」之分，前者指性別選擇機制帶來的真實的女孩失蹤，後者指在除「實際失蹤」的部分外，還包括部分存活女嬰，在統計數據中消失的假性失蹤，即女孩的瞞報和漏報。他們根據2000年中國第五次人口普查數據，估計在1980—2000年出生人口中，「實際失蹤」的女孩人數約為850萬人，名義失蹤女孩約為1,200萬人。

第三種觀點則認為中國出生嬰兒性別比偏高是「真實的提高」和「虛假的提高」二者共同作用的結果（湯兆雲，2007）。如李伯華（1994）認為1989年全國城鎮出生性別比實際上最高也不會超過107.7，同期全國農村最高也不會超過110.2，由此認為城鎮的出生性別比上升是「假性上升」，而農村的出生性別比「真性」與「假性」的影響大致持平。李湧平（1993）、高凌（1993）、馬瀛通（1994）等研究也表明，所謂人口統計失真的問題並不足以解釋中國出生性別比持續升高的事實（周全德，2013）。

但是，進入20世紀90年代中後期，隨著統計制度的不斷完善，瞞報、漏報現象的減少進一步保證了數據的準確性，以及隨著胎兒性別鑒定技術的普及，學術界基本上否定了瞞報、漏報女嬰是引起出生性別比升高的主要因素這一觀點，並逐漸達成共識，認為中國出生性別比異常偏高、持續升高不是因統計原因而出現的「假性」失衡，而是非統計原因的「真性」失衡。這是已經存在的客觀事實（楊洪濤，2008；胡耀嶺，2010）。這一共識為認識和解決中

國出生性別比問題研究提供了最基本的依據，具有方向性的意義（湯兆雲，2014）。

1.2.3 出生性別比影響因素及其作用機制

經歷了20世紀80年代初到90年代初10年左右的爭論，政府部門和學界逐漸達成共識，認為中國出生性別比偏高是真實存在的現象（喬曉春，2004；候佳偉，等，2018）。此後，20世紀90年代中後期，隨著研究的進一步深入，研究內容從「出生性別比是否存在」轉向「是何種原因造成出生性別比的失衡」的理論和實證研究。由於自然生物因素對出生性別比的影響微乎其微，其影響力度不足以導致出生性別比出現明顯的「異常」現象。因此，學者們將研究視線更多地投向影響出生性別比的人口、社會、經濟和文化等因素上，在研究方法上引入了可以量化各種因素對出生性別比影響強度的計量模型（石雅茗，2016）。

1. 人口學變量的影響

早前研究從人口學視角出發。這一視角的研究認為影響出生性別比的因素主要包括父母年齡、已出生孩子的數量、性別及孩次結構等。如 Jacobsen 等（1999）研究了丹麥1980—1993年超過80萬出生嬰兒的數據後，認為孩子的性別與母親的年齡沒有顯著關係，但在父親年齡小於25歲的組別中男嬰占比為51.6%，高於父親年齡大於40歲的51.0%。馬瀛通等（1998）、喬曉春（2004）等在分析了1997年全國人口生殖與健康調查第二期數據後發現，一孩的出生性別比最低且基本處於正常範圍內，對於孩子性別的人為選擇多發生在高孩次，並建立多元迴歸模型進行定量分析，認為低孩次孩子數量、性別是導致高孩次出生性別比升高的原因。

楊菊華（2008）基於實地調查的訪談資料，發現村民生育意願下降，但對男孩仍有顯著偏好。刺激這一傾向性選擇的因素主要為：兒子在家族政治中具有顯著地位，他們認為只有男性才能勝任當地的工作，女兒出嫁後父母面臨空巢家庭，內心感情寄托無法得到滿足等。同時，基於中國人口信息研究中心和南開大學人口與發展研究所的調查數據，以受訪者活產兒子為因變量建立定量模型，發現若受訪者年齡越大，或有指望兒子養老或男性有傳宗接代的想法，生育兒子的數量將會增加，受教育程度與兒子的數量呈負相關。

王軍等（2014）將出生性別比的失衡原因分解為孩次結構變化因素（結構效應）、各孩次出生性別比水準因素（水準效應）以及這兩者之間的交互效應，並利用「四普」「五普」「六普」和2005年1%人口抽樣調查數據測算上

述效應，認為中國一孩比重上升和多孩比重下降這一孩次結構的變化，對出生性別比失衡起到了抑制作用；分孩次出生性別比的上升是導致中國城鄉出生性別比升高的主因，但孩次結構變化對城鎮出生性別比的影響呈現波動跳躍性，而對農村出生性別比失衡則基本起到了抑制作用。

2. 經濟與文化的影響

隨著研究的深入，學術界逐漸認識到影響中國出生性別比的因素是複雜的，不是由某個因素的單一影響造成的，而是由多種因素共同作用產生的複雜結果。這些因素包括人口、社會、經濟、文化及生育政策等因素。出生性別比與這些因素相互互動、相互影響、相互作用。因此，學者們開始從政治、經濟、文化、社會生活等多視角，以及個人、家庭、社區、公共社會等多層面展開深入研究（周全德，2013）。

Hull（1993）認為中國出生性別比異常高的原因主要為：①溺殺女嬰，他認為這是中國那些高出生性別比地區的傳統做法，計劃生育政策助長了這一陋習；②產前性別鑒定，當父母有機會利用醫療技術確定胎兒性別的時候，將進行流產女嬰、保留男孩的性別選擇；③統計漏報和錯報，女孩出生以後被父母隱藏、瞞報以達到再生男孩的目的。

顧寶昌和徐毅（1994）認為中國出生性別比異常的主要原因與生育婦女的文化程度、居住地、民族、原有子女性別等因素相關；出生統計中的瞞、漏、錯報是引起報告數據中出生性別比偏高的重要原因；非法運用B超進行胎兒性別鑒定而引起的性別選擇流產亦有一定影響。馬瀛通（1994）認為影響中國出生性別比的主要因素有生物自然因素（如受孕性別比）、外在因素（如胎兒死亡性別比、死產性別比及性別選擇性人工流產）等受社會政治、經濟和文化等影響的因素。穆光宗（1995）認為20世紀80年代後期，中國出生性別比偏高的作用機制是過於強烈的歧視性性別偏好和過於狹小的生育選擇空間相互衝突和擠壓，最終通過「瞞、漏報行為」和「B超行為」共同形成的結果。高凌（1995）以「四普」數據為基礎，認為人口變量（生育年齡、孩次、已有孩子性別）和種族因素，都不是中國20世紀80年代以來人口出生性別比上升的因素，造成中國出生性別比升高的主要原因，是在重男輕女傳統影響下的選擇性申報和選擇性生育行為。

Sten（1996）研究認為中國出生性別比偏高是由於出生女嬰由他人進行領養但是並沒有在相關部門進行申報所造成的。Johnson等（1998）利用中國20世紀90年代中期對棄嬰和收養情況的實地調查，發現被收養的孩子中60%是棄嬰，而棄嬰中90%都是女孩，這種狀況大多發生在20世紀八九十年代，棄

嬰的增多與計劃生育控制密切關聯，與孩子的性別、出生孩次和家庭現有孩子性別結構有關。李樹茁和朱楚珠（1996）通過對中國20世紀80年代出生性別比和女嬰生存狀況分析，發現自20世紀80年代中期開始，出現高出生性別比和偏高的女嬰死亡水準兩個現象，同時存在於大多數省區和一些民族。高出生性別比和偏高的女嬰死亡水準根本上是由強烈的男孩偏好所造成的，它同時又被快速的生育率轉變所轉變。曾毅（2004）認為1983—1990年中國女嬰漏報導致出生性別比升高的第一位原因是女嬰漏報而不是女嬰出生時死亡率超常增高，性別選擇性人工流產是出生性別比升高的第二位原因。Gupta（2005）認為中國人口普查數據顯示嬰兒的性別與婦女已有孩子的性別高度相關，說明中國的出生性別比並不只受生物學因素影響，並回顧中國1920年以來的出生性別比，認為波動的原因是經濟發展水準或意識形態的變化。

Poston等（1997）對中國「男孩偏好」和出生性別比的關係，分不同的省進行了實證研究，發現「男孩偏好」和出生性別比之間存在正相關關係。劉爽（2007）提出中國的出生性別比失常不僅僅是一種人口現象，更是十分複雜的社會文化現象，它的內在動因是具有深厚文化底蘊和長久歷史傳統的生育「性別偏好」（在中國就是典型的「男孩偏好」）及相應的性別選擇。Christophe（2009）通過對亞洲國家出生性別比變化的分析，發現中國對男孩的性別偏好不減反增。薛福根與曾德冬（2009）運用湖北省人口普查數據，對出生性別比失衡的影響因素進行研究，認為出生性別比失衡的根源是落後的經濟基礎，該地區對男性勞動力的剛性需求不能被其他非勞動力生產要素所替代，這是一種經濟理想選擇的結果，因此落後的經濟基礎與傳統的重男輕女文化等因素共同導致了出生性別比偏高。

陳友華和徐愫（2009）認為經濟發展水準對出生性別比的影響不是單調的，而是呈現倒「U」形，即當經濟發展水準足以滿足人們用於支付人為選擇胎兒性別的費用時，隨著經濟進一步發展，鑒定胎兒性別和選擇性人工流產將增多，從而促使出生性別比升高。但當經濟發展達到一定水準，人們的收入水準上升，生育觀念發生變化，社會的養老制度逐漸完善，子女對父母的效用也隨之下降，使得出生性別比逐漸恢復到正常範圍。Echávarri和Ezcurra（2010）指出教育對緩解性別不平等有重要作用。一方面，受教育程度越高，人們對於性別越不會表現出偏好；另一方面，受教育程度又能增加人們接觸到性別選擇技術的能力和自由，因此教育對於出生性別比的最終效應，需比較上述相反效應大小後方能得知。文中利用1991年印度人口普查數據，以識字率衡量教育水準，並加入一系列控制變量建立模型，實證結果顯示出生性別比與教育水準

之間存在非線性關係。

胡耀嶺（2010）認為隨著人口遷移和區域間文化交流的增多，變量在空間上的自相關性不可忽視，因此採用空間滯後模型定量分析各因素對出生性別比的影響。結果表明出生性別比的變化在空間上存在集聚性、傳染性和擴散性，空間自相關為「高—高」和「低—低」類型，各影響因素也呈現正向的顯著空間自相關。經濟發展指標、婦女受教育水準與出生性別比偏高之間是正相關關係，這與理論分析結果相反。本書作者認為這僅僅是針對 2000 年的數據得出的結論，不排除兩個指標存在閾值的可能，當經濟發展尚未發達到足以扭轉人們的男孩偏好觀念時，收入的提高首先激發的是人們對男孩傳宗接代的需求；而婦女平均受教育水準處於較低階段會造成婦女維權、性別平等意識不足。劉華等（2014）提出由於受到相鄰地區社會、經濟、文化等因素的影響，傳統的計量經濟常系數模型無法探測出生性別比分佈在空間上的異質性，故而採用地理加權迴歸模型研究中國農村地區出生性別比的空間異質性。模型的估計結果表明，各個因素對不同地區出生性別比的影響存在顯著的空間差異。其中，經濟因素、文化因素與出生性別比之間的關係呈倒「U」形，社會保障因素系數為負的省域農村地區個數隨時間的推移上升，大部分省域農村地區的城鎮化因素和政策因素對出生性別比表現出負向影響，而醫療水準的上升會導致出生性別比上升。

侯佳偉等（2018）基於 152 項調查的橫斷歷史元分析表明，近 40 年來，男孩偏好一直呈明顯弱化趨勢，中國人理想男孩數從 1979—1989 年的 0.6 人減至 2010—2017 年的 0.4 人，其占理想子女數的比例由 34.5% 降至 27.9%。同時，女孩偏好也呈弱化趨勢，社會整體文化氛圍正在由有性別偏好向無性別偏好轉變。性別偏好對出生性別比的影響在於，男孩偏好和女孩偏好的弱化不同步，出現「相對數變動效應」。當男孩偏好弱化遲緩於女孩偏好弱化時，呈現出男孩偏好相對強化，從而在生育率持續下降的進程中，導致出生性別比上升。隨著男孩偏好與女孩偏好的弱化趨於同步，出生性別比也會恢復正常。

宋健（2018）研究指出，1980 年以來的生育意願相關調查顯示，「兒女雙全」一直是中國人的主要意願生育性別，但這一性別偏好的實現基於至少生育兩個孩子的前提。換言之，性別偏好與數量偏好相伴隨行，不同數量偏好下性別偏好呈現出差異性。2016 年由中國人民大學人口與發展研究中心組織的全國 6 省 12 市調查數據發現，一孩偏好者往往傾向於性別「無偏好」，二孩偏好者往往傾向於「兒女雙全偏好」，三孩及以上多孩偏好者則呈現出比較明顯的男孩偏好。上述對中國性別偏好產生原因的分析主要針對農村家庭，集中於

經濟、文化和家庭等層面，對於當前城市出生性別比悄然失衡且居高不下的現實難以解釋。

3. 計劃生育政策的影響

中國自從 20 世紀 80 年代出生性別比持續偏高以來，計劃生育政策對出生性別比的影響也一直是各界關注的熱點問題。如楊菊華等（2009）認為，政策可能直接激化出生性別比的惡化，同時該因素所導致的出生性別比失衡相對於其他因素而言，較容易被控制和扭轉，即便生育政策的調整不能完全解決出生性別比偏高問題，但可以在很大程度上緩解該現象並遏制其繼續攀升。因此得出「中國生育政策與出生性別比的關係十分密切」的結論。

中國推行限制性的計劃生育政策近 40 年，具有明顯的城鄉二元體制、地區差異和民族差異的特點。計劃生育政策包含了三類不同政策：一孩政策、一孩半政策和二孩政策，同一計劃生育政策下，其實施和貫徹的嚴格程度也有所差別（劉華，等，2016）。伴隨計劃生育政策的差異，相應研究也分為兩個主要階段：

第一階段是 1980 年年初至 2013 年，研究主要是針對 1980 年開始實施的「一胎化」計劃生育政策對出生性別比的影響。有關這一政策對出生性別比的影響及作用機制，學者們並未達成完全一致的認識，存在如下不同觀點：

第一種觀點認為二者無關，或者作用非常有限。如蔡菲和陳勝利（2005）明確提出計劃生育政策不是影響出生性別比升高的主要原因，二者無關。理由為：①出生性別比偏高在亞洲國家帶有共性，不是中國獨有的現象；②出生性別比升高狀況與生育政策的限制程度沒有關係；③二孩出生性別比偏高是由當前人們理想生育子女數所決定的；④出生性別比偏高的原因是複雜的，只要有男孩偏好存在，即便沒有生育政策，出生性別比也可能失常。

第二種觀點認為計劃生育政策的實施直接導致出生性別比升高，二者存在明顯的邏輯關係。如張二力（2005）以「五普」數據為基礎，分析了全國 343 個地級市的出生性別比、嬰兒死亡率性別比與生育政策的關係。分析表明實行「第一個孩子為女孩、間隔幾年允許生第二個孩子」生育政策的人口比例越高的地區，出生性別比和嬰兒死亡性別比失常越嚴重；實行較為寬鬆生育政策的地區比較接近正常。因此，他認為實行較為寬鬆的生育政策有利於解決目前出生性別比嚴重失常和女嬰死亡嚴重偏高的問題。

楊菊華（2006）指出計劃生育政策是造成或加劇中國出生性別比偏高的主要原因之一，且其作用因政策的地區差異和胎次而異。出生性別比的失衡發生在嚴格的限制性生育政策推行之後，故二者滿足因果關係的時間前提；且在

一孩半生育政策地區，出生性別比最高，但政策的作用主要表現在第二胎。郭志剛（2007）利用非線性分層模型，在控制個人層級自變量及其與地區層級自變量交互效應的前提下，對「五普」所有孩次和二孩以上孩次的出生性別比分別建模，模型結果表明計劃生育政策對出生性別比有直接影響，並通過育齡婦女已生育孩子數量和性別結構、戶籍類型、受教育程度之間的交互效應來影響出生性別比。喬曉春（2008）認為從數據上看，第一孩為男孩和第一孩為女孩的條件出生性別比差異極大，故生育政策是中國生育數量減少的最重要原因，生育數量的減少導致了出生性別比上升，生育政策對生育數量、二胎生育條件的控制對出生性別比產生影響，是出生性別比嚴重失常的重要因素。

王軍（2013）運用多層次影響因素模型，並引入家庭特徵變量分析，也得出相似結論。Li 等（2010）認為漢族和少數民族可接觸到的性別選擇技術並無差異，且在計劃生育政策執行之前，漢族與少數民族的出生性別比十分接近，所以民族間出生性別比的差異可以解釋為是由不同生育政策造成的。在實證方法上，利用雙重差分法檢驗計劃生育政策與出生性別比之間的因果關係，結果顯示對於 20 世紀 80 年代出生的嬰兒，嚴格的一胎化計劃生育政策執行對出生性別比升高的貢獻高達 94%，這一政策效應在二孩及以上孩次和農村出生人口中的表現尤為突出。同時，計劃生育政策對 20 世紀 90 年代及 2001—2005 年兩個時間段出生性別比的升高，分別有 57% 和 54% 的貢獻率。

第三種觀點認為出生性別比偏高是多因素綜合作用的結果，中國出生性別比偏高和推行計劃生育政策並沒有直接關係，二者不是因果關係，而是間接關係。如穆光宗（1995）率先提出「生育偏好」和「生育選擇空間」的概念，並將生育偏好分為性別偏好、時間偏好和數量偏好三種類型。他認為中國作為農耕文明國家，長期以來的生育偏好都表現為「生男、早生、多生」。在計劃生育政策對生育選擇空間造成擠壓的情況下，人們對男孩的強烈偏好無法得到滿足時，便通過借助醫療技術人為地選擇孩子的性別，最終造成了中國出生性別比的失衡。原新和石海龍（2005）發現一些東亞、南亞國家（地區）沒有實施調節生育的政策，但也存在出生性別比偏高的現象，同時，在中國計劃生育政策施行更嚴格的城鎮出生性別比反而低於農村，因此提出計劃生育政策促成了中國生育率快速下降，加速了人口轉變的實現，造成了過於狹小的生育選擇空間，並與強烈的性別偏好相互衝突和擠壓，使得人們在少生孩子的情況下借助醫療技術實現男孩偏好，最終間接影響了出生性別比。

湯兆雲（2005）認為由於人口生育政策限制了多生和早生，因此，在中國傳統生育意願的作用下，人口生育政策強化了個體生育者的性別選擇意識，

其行為結果表現為出生性別比的失衡。石人炳（2009）將生育控制政策影響出生性別比的途徑簡稱為「選擇途徑」，認為計劃生育政策通過壓縮家庭對生育數量的選擇，間接地強化了人們對胎兒性別的人為干預，但實證結果顯示計劃生育政策對出生性別比的影響在統計上不顯著。他認為這是由於計劃生育政策對出生性別比的影響，是基於「男孩偏好」和「選擇性生育技術」兩個前提條件的，不同的條件對生育政策的影響程度也不相同。

第二階段研究始於2013年之後。2013年11月15日，黨的十八屆三中全會提出「單獨二孩」政策；時隔一年，2015年11月29日，黨的十八屆五中全會公報再次提出了「促進人口均衡發展，堅持計劃生育的基本國策，完善人口發展戰略，全面實施一對夫婦可生育兩個孩子」的「全面二孩」政策（陳寧，2019）。接連的生育政策調整可能會促使中國人口發展態勢發生變化，出生性別比也不例外。石人炳和陳寧（2015）利用中部四省生育統計數據的實證分析發現，單獨二孩政策實施對出生性別比升高有促進作用，其原因在於二孩出生性別比高於總的出生性別比。李桂芝等（2016）認為單獨二孩政策對出生人口的增加影響較小，全面二孩政策對於增加出生人口、改善年齡結構、促進出生性別比平衡有積極作用。陳寧（2019）以湖南省和湖北省衛生健康委員會提供的近5年出生人口動態監測數據為基礎，從出生人口數量與結構、生育水準和生育模式等三個角度對生育政策調整下兩省生育狀況變動進行了分析，研究發現生育政策調整後總的出生性別比呈現明顯下降趨勢。

綜上，儘管學術界對生育政策與出生性別比的關係問題尚未達成共識，但有四點認識是共通的：①出生性別比的失衡的根源是兩性地位的不平等，是多種內外部因素共同作用的結果；②生育政策雖然不是主要原因，但是它與出生性別比的失衡存在著千絲萬縷的聯繫；③政策與出生性別比的關係因政策類型和胎次而異，而以第一胎性別為生育前提的二胎生育政策更是直接或間接地激化了出生性別比失衡的程度；④緩解出生性別比的重要途徑之一是要直面政策與出生性別比的關係，淡化生育政策的性別特徵（楊成剛，楊菊花，等，2009）。

4. 社會保障制度與政策的影響

中國有著悠久的「養兒防老、家庭防老」的傳統觀念，特別是在農村地區，社會養老保險意識及產品的缺失，導致生育行為中的「男孩偏好」選擇（Zeng，等，1993；Li，等，2004；Ebenstein，2014）。在農村地區推行社會養老保險有助於替代傳統的家庭養老方式，削弱農村人口的養兒防老預期，並進一步強化性別平等意識，對出生性別比偏高起到糾偏的重要作用。Ebenstein

和 Leung（2010）使用中國家庭收入動態調查 2002 年調查數據和 2000 年人口普查數據，估計了老農保①政策對地區出生性別比的影響，發現老農保政策的實施顯著降低了出生性別比。Zhang（2015）研究發現，在農村地區推行社會養老保險項目，有助於降低農村人口對養兒防老的需求，從而糾正人口性別比失衡，但是政策效果還不十分明顯。遺憾的是老農保政策在經歷了早期的快速發展後，於 1998 年前後陷入停滯（Shi, 2006）。

　　隨著城鎮化的快速發展，農村中青年勞動力特別是男性人群離開家鄉外出務農，農村老年人家庭養老能力不斷弱化，老年人口無人照顧現象普遍。2009 年 9 月，國務院發布《關於開展新型農村社會養老保險試點的指導意見》，開始在全國範圍內試點新型農村社會養老保險（簡稱「新農保」）。在政府支持力度、政策覆蓋力度和保障力度方面，新農保遠超 1992 年曾經實施的老農保政策，並於 2012 年年底實現了全覆蓋。新農保的實施首次在中國農村地區建立起了社會養老保障體系，為農村人口的養老提供了穩定的收入來源和新型的養老方式，農村老年人口基本生活得到了重要保障（張川川，等，2017）。馬光榮和周廣肅（2014）研究發現，即使不考慮個人帳戶基金，基礎養老金收入約占農村居民家庭可支配收入的 20% 以上，基本達到了政策預期的目標。

　　新農保政策自實施以來已經受到了學術界的廣泛關注，如陳華帥和曾毅（2013）的研究顯示，新農保養老金收入顯著擠出了家庭代際間轉移支付。程令國等（2013）發現新農保政策顯著提高了農村老年人的經濟獨立性、獨居的概率和對社會照料的需求。張川川等（2014）從收入、消費、貧困、主觀福利和勞動供給等多個角度更為全面地評估了新農保政策的影響，發現新農保養老金收入顯著提高了農村老年人的收入水準和消費水準，減少了家庭貧困，提高了老年人的主觀福利，並減輕了老年人的勞動負擔。張川川和陳斌開（2014）研究發現新農保養老金收入顯著降低了老年人從成年子女處獲得轉移支付的概率，但是老年人的轉移支付金額並沒有受到顯著影響。總體而言，上述研究從多個角度估計了新農保政策對農村老年人口當期決策行為和福利狀況的影響，較為一致地發現新農保政策具有明顯的社會經濟效應。張川川等（2017）研究發現新農保政策的實施顯著降低了農村人口對家庭養老的依賴，進而有助於減輕生育行為上的男孩偏好，降低農村地區的出生性別比。

5. 社會變遷的影響

　　陳友華等（2012）認為在經濟高速增長和社會劇烈變遷中，中國原有的

---

① 與新農保相對的概念，指在執行新農保政策之前農村執行的農保政策。

性別歧視和偏好的生存土壤逐漸瓦解，工業化、城市化、信息化等現代社會浪潮正逐漸改變人們的生活方式和思想觀念，為中國出生性別比由高位回落正常創造了有利條件。楊凡（2014）提出中國出生性別比失衡的原因在於現代化變遷的滯後性與矛盾交織性，像中國這樣受侵略後開始工業化的國家，既承認工業化的先進，又對源自西方的工業文明有所保留，所以現代化過程變得頗為複雜；工業化進程和計生政策共同作用使生育率快速下降，而以農業文明為根基的男孩偏好尚未消解，這兩者的矛盾導致人們人為選擇孩子性別，致使出生性別比失衡。侯佳偉等（2018）研究認為改革開放後，中國社會發生了快速的變遷與轉型，人們的子女偏好也從有性別偏好向無性別偏好轉變。當中，男孩偏好與女孩偏好都逐漸弱化，但理想女孩數下降的速度較快，從而呈現男孩偏好相對增強的態勢，最終推升了出生性別比。

1.2.4 出生性別比失衡的後果

人口是社會經濟發展的主體因素，人口與社會經濟發展之間是相互依賴、相互作用的關係。一方面，人口會影響社會經濟生產進程；另一方面，社會經濟生產的變化又會反作用於人口。由於人口結構的形成與變化都需要很長一段時間，出生性別比作為人口性別結構的起點，決定著未來分年齡性別比以及總人口性別比，因此長時期、大範圍內的出生性別比偏高或失衡，不僅對當前社會有影響，其效應還會延續到未來。出生性別比的持續升高會形成人口性別結構失衡、婚姻市場擠壓、危害社會安全等一系列阻礙人口與經濟發展的危險因素。因此，第五次全國人口普查之後，學術界對出生性別比問題的研究從問題存疑進入問題求解的新階段，學者們對出生性別比升高產生的後果及其治理展開了全方位的系統研究（李樹茁，等，2014）。

關於出生性別比失衡的後果或影響效應研究，學術界研究視角主要從人口、經濟和社會三方面展開。

人口方面，研究認為出生性別比偏高作為性別失衡的主導性因素，對中國人口性別結構失衡的影響非常顯著，主要反應為女性數量的較少，這種後果顯現具有長期性和時間滯後性。如 Li 等（1995）認為中國未來高出生性別比的影響大概在 2025 年後顯現，大約 9% 的男性會找不到配偶，只要有「男孩偏好」和對女性的歧視存在，出生性別比就會偏高。Guilmoto（2009）認為在固定婚姻模式基礎上，伴隨著社會經濟的發展，未來女性結婚年齡的推遲勢必加重男性婚姻擠壓的程度，預計中國從 2015 年起，婚姻擠壓問題將異常嚴重。陳衛等（2010）指出出生性別比是人口結構的起點，總人口方面，出生性別

比失衡會使得出生人數減少、人口規模縮小，從而使得老年人口比例增加，加速老齡化社會的形成；對於到達適婚年齡的人群而言，女性數量的嚴重減少會產生嚴重的男性「婚姻擠壓」。李漢東和陸利桓（2010）預測中國未來40年都將存在嚴重的男性婚姻擠壓現象，且農村的婚姻擠壓程度要高於城市。

經濟方面，Wei和Zhang（2009）研究認為對於遭遇婚姻擠壓的適婚年齡男性而言，為了滿足提升自身競爭力的需求而存在競爭性儲蓄動機。在這一動機刺激下，社會中屬於性別多數群體的男性便會增加儲蓄來累積財富，從而推高國家（地區）的儲蓄率。失衡的性別比會通過激發努力工作和創業精神來刺激經濟的增長，新興的私營企業更易在性別比偏高的省域出現。有男孩的父母成為企業家的概率隨當地性別比的上升而增大，中國各省域生產總值的增長率與性別比成正相關（Wei & Zhang, 2011）。一國或地區的競爭性儲蓄上升，對可貿易品和不可貿易品的消費需求都會下降，同時男性在競爭性儲蓄動機的激勵下，會增加其勞動供給，若不可貿易部門相對於可貿易部門是勞動密集型產業，則該國或地區的不可貿易品的相對價格下降，最終造成實際匯率貶值，經常帳戶盈餘擴大（Du & Wei, 2011）。

社會方面，出生性別比的長期失衡會導致男性勞動力就業擁擠和部分就業崗位女性勞動力的短缺，嚴重影響到社會的合理分工，導致社會需求、消費結構、產業結構的變化。出生性別比長期偏離合理範圍，導致女性缺失，使得大量男性被動單身，且容易被邊緣化，面臨巨大的心理壓力，進而傾向於通過犯罪來獲取正常的生理和心理需求、較高的社會經濟地位。因此性別失衡對中國社會犯罪率的上升有顯著的影響，會在較長的一段時間內對社會公共安全造成嚴重的威脅（姜保全，等，2011）。社區風險和家庭風險是性別失衡後普通公眾所感受到社會風險的具體表現，對「2015年農村居民性別失衡後果及治理政策問卷調查」所得數據進行序次迴歸分析可知，婚姻擠壓和女性人身安全的社區風險大於家庭風險（楊博和李樹茁，2018）。

除了婚姻問題，出生性別比的偏高還會引起養老方面的問題。田雪原（2004）認為人是生產者和消費者的統一，嬰兒出生性別比升高並帶動勞動年齡人口性別比升高。男性勞動力就業將變得更為困難，未來一二十年男性勞動力過剩和「就業性別擠壓」問題將比較嚴重。李樹茁和姜全保（2006）通過預測發現，出生性別比偏高對中國的撫養比構成有深刻的影響，在降低少兒撫養比的同時增加了老年人口撫養比。人口撫養比結構變動不僅對社會的經濟負擔有重要影響，也對國家的財政支出分配有重要影響（陳衛和李敏，2010）。

綜上，長期的出生性別比偏高所產生的累積效應對人口性別失衡的影響十

分嚴重，性別失衡將帶來人口、社會、經濟、健康等一系列風險。其中人口風險是核心，其作為性別失衡背景下的基礎風險，往往會刺激或放大其他風險發生的概率和損害的程度（李樹茁，等，2014）。

1.2.5 出生性別比失衡的綜合治理

出生性別比失衡問題雖然在 20 世紀 80 年代初期就已顯現，但由於部分專家和有關部門推斷其為一種「假性失衡」現象，真正引起社會決策層的關注和重視卻較晚。因此，管理者既未在計劃生育工作中引起足夠重視，也未採取措施加以監管和及時糾正，最終釀成了此後出生性別比失衡逐年持續加劇的歷史性失誤（馬瀛通，2005）。李慧英（2007）指出從 20 世紀 80 年代開始的關於中國出生性別比「真假失衡」的長期爭論，導致中國關注出生性別比異常問題並採取對策推遲了整整 12 年，使得該問題越發嚴重。

2000 年「五普」數據顯示中國出生性別比嚴重偏離正常值，開始引起國家決策層的特別關注和高度重視。在黨和國家的戰略方針指導下，有關治理出生性別比升高的政策和法規相繼出抬。隨著人們認識的不斷加深，視角不斷的拓展，關於出生性別比異常的對策逐漸達成「標本兼治，綜合治理」的共識。

基於對出生性別比失衡原因的分析，學者們主要從以下幾個方面探討了治理出生性別比偏高問題的對策。這些綜合治理的措施主要包括：發展經濟和提高人口素質（鄔滄萍，2000）、制度創新和文化建設（劉爽，2006）、淡化傳統家族觀念及生男偏好（李樹茁，等，2006）；建立健全覆蓋農村社會保障機制和加大計劃生育獎懲力度以加速人們生育觀念的轉變（張翼，1997；陳友華，2007）；加快城鎮化和非農轉移步伐以轉變重男輕女的傳統生育觀念（楊菊華，2008）；通過政策法規的剛性行為約束和通過宣傳教育的柔性觀念引導與遏制（穆光宗，等，2007）；通過促進性別平等的制度安排來從源頭上遏制生育上的性別選擇（石人炳，2006）；通過關愛女孩行動營造性別平等的社會氛圍（穆光宗，等，2006）、通過協調社會政策使之形成性別平等的合力（宋健，2007），調整生育政策緩解人口性別結構失衡的壓力等（湯兆雲，2006；陳友華，2007）。

在面臨性別比失衡引致的各種人口、經濟和社會等問題和風險方面，政府應在思想認識、制度建設等多方面，做好充分準備和應對（劉慧君，李樹茁，2011）。如積極構建女性優先的利益導向和社會保障制度，逐步解決女孩家庭的後顧之憂，建立和完善農村社會保障制度（楊建軍，2011）。健全農村計劃生育家庭扶助制度，逐步將城鎮納入獎勵扶助範圍，並且政府主導積極實施針

對女孩家庭的發展項目，扶助計劃生育女孩就業，幫助女孩家庭脫貧致富（呂紅平，2012）。

1.2.6 文獻評述

綜上，近年來中國出生性別比失衡的問題得到政府的高度重視，同時成為學術界的研究熱點，有越來越多學科背景不同的學者加入對出生性別比失衡的研究隊伍中。針對中國出生性別比失衡是真實存在的現象已基本達成共識，對出生性別比升高的原因、後果和治理措施也進行了深入系統的研究。學者們認為東亞文化中固有的男孩偏好及產前選擇性生育是出生性別比長期高於國際認可正常範圍的根本原因，針對胎兒性別鑒定的醫療技術發展（如 B 超的普及）是出生性別比失衡形成的技術條件。計劃生育政策的實施限制了家庭增加生育數量來滿足生育男孩的需求，轉而通過人為干預產前性別實現男孩偏好。並且，出生性別比長期失衡不利於社會的可持續發展，會對國家的人口、社會、經濟產生深遠影響。

隨著研究成果的日趨豐富，學者們對中國出生性別比失衡的特點、變化趨勢、主要成因及可能帶來的複雜社會影響有了越來越深入的瞭解和認識，更有不少研究為政府和社會更有效地糾偏干預出謀劃策（石雅茗和劉爽，2015）。在關於中國出生性別比及相關問題討論的過程中，研究者們運用不同的學科知識、不同的方式方法進行分析解讀，極大地延伸並拓展了中國出生性別比及相關問題乃至人口科學的研究範疇。雖然對出生性別比失衡的研究已取得豐富成果，但是從實證研究視角而言，仍存在以下不足：

（1）研究所採用的數據較為多樣。在以往的定量研究中，所使用的數據除了官方公布的人口普查數據之外，還有各研究人員自行組織實地考察所收集的調查數據、醫院產房出生登記分析、專題調查等各類數據。由於考察的範圍和數據採集流程標準的不同，最終的研究結果也不一致。同時，進入 21 世紀以來的這 10 多年，由於社會的劇烈變遷政府干預行動力度的不斷加強、生育主體的代際更替，出生性別比走向呈現出了新的動態、新的分化以及新的寓意（石雅茗和劉爽，2015）。現有文獻多為對 2010 以前數據的分析研究，有必要從更長時間跨度研究中國出生性別比的時空動態特點。

（2）空間和時間是人口學研究的兩個重要維度，以往研究在定量研究方法的選取上，缺乏從時空異質性視角深入的分析。經過多年的發展，對出生性別比失衡問題的研究方法已由早期的描述統計方法，逐漸升級為可定量分析的計量經濟學模型。但由於出生性別比失衡在中國存續時間長、覆蓋地域廣，經

典的計量模型假設各變量在時空上同質獨立，難以捕捉實際中各影響因素的時空異質性，從而使得研究結果不能對出生性別比失衡影響因素及其特徵進行全面分析。

中國幅員遼闊，每個行政區域有著各自的社會、經濟發展特點；以生育觀念為基礎的出生性別比，更易受地域影響。在交通日益便利、信息傳播更快的社會環境下，生育觀念的傳播與交流更便捷，進而引致人們對性別選擇上的統一性。而且，人口的眾多屬性總是分佈在既定的地理空間中，尤其是和生育觀念緊密相連的出生性別比。當前對性別比（包括生育觀念）等人口現象的研究中，對空間這一重要因素關注還遠遠不夠（時濤和孫奎立，2014）。

出生性別比偏高作為一種社會現象，將隨人口遷移流動和文化交流傳播在多區域相互作用中發生。這種空間相互作用的存在打破了經典統計分析中樣本獨立同質的基本假設，如果依舊採用傳統統計分析方法與經典計量模型進行研究，會產生一定偏誤。因此，在出生性別比的實證研究中，為了客觀全面分析中國出生性別比的空間分佈特徵，從社會、經濟、文化等多因素對其偏高的影響因素及其時空異質性作用機制進行探索，引入空間統計分析方法和空間計量模型很有必要（胡耀嶺和原新，2012）。

1.3 研究內容、方法及技術路線

1.3.1 研究內容

由於出生性別比失衡在中國已經存續了三十餘年，且逐漸形成由局部向全局擴散的態勢，不論是出生性別比自身的特徵還是對其有影響效應的因素，都會隨著時空的變換而發生結構性改變。以往研究多基於截面數據或調查、時點和時期視角進行，立體化和縱深化分析嚴重不足，在揭示因果機制方面存在天然劣勢（宋健，2018）。因此，本書在梳理文獻綜述的基礎上，首先從理論層面出發，對社會、經濟、文化等因素影響出生性別比的機制進行探討；然後，在實踐層面，運用空間統計分析方法和空間計量模型對中國省域出生性別比的時空分異特徵、結構特徵、影響因素及其時空異質性進行實證分析。具體而言，本書的主要研究內容及章節結構如下：

第1章，緒論。本章首先介紹研究的背景，闡述研究的意義，然後對相關國內外研究進行研讀，對中國出生性別的現狀、變動趨勢、影響出生性別的主要因素、出生性別比升高的影響及其綜合治理等研究進行細緻綜述，並提出本

書的主要研究內容、結構安排、研究方法、技術路線及創新點。

第2章，基礎理論與研究方法。本章首先對微觀個體生育行為的經濟學分析進行介紹，然後在梳理總結學術界關於中國出生性別比升高問題研究的基礎上，闡釋經濟、社會、文化、政策等因素對出生性別比升高的作用機制，為後續的實證分析夯實理論基礎，最後簡要介紹本書實證研究中所使用的空間統計分析方法與空間計量模型。

第3章，中國出生性別比的時空分異特徵。本章分別從時間與空間兩個視角，對中國出生性別比的總體特徵，分區域、分孩次和分地區的時空特徵及其演變進行分析，並對分全國、省域等，對出生性別比升高的貢獻率及其時空變化進行深入探究。

第4章，中國省域出生性別比影響因素的實證分析。在前述分析的基礎上，以中國第三、四、五、六次人口普查數據為樣本，分別構建經典計量迴歸模型、時間加權迴歸模型、地理加權迴歸模型和時空地理加權迴歸模型進行實證研究，全面分析經濟、社會、文化等因素對中國出生性別比的作用方向、強度及其時空異質性特徵。

第5章，主要結論與對策建議。對全文的研究結果進行歸納總結，得出主要結論。並根據研究結論，有針對性地提出中國出生性別比失衡綜合治理的對策與建議，並提出本書進一步深入研究的方向。

1.3.2 研究方法

針對以上研究內容，本書採用了如下研究方法：

（1）文獻分析法。對國內外已有關於出生性別比的正常範圍、中國出生性別比是否存在假性失衡、出生性別比的影響因素以及出生性別比失衡的後果等文獻進行深入研究。梳理與本書研究主題緊密相關的研究文獻，從而全面把握研究現狀，挖掘研究不足，為本書研究展開奠定基礎。

（2）描述性統計分析和空間統計分析方法。本書採用第三次人口普查以來歷次人口普查和人口抽樣調查數據，採用描述性分析和空間統計分析方法，對中國出生性別比的時空特徵進行細緻的探索性分析，全面瞭解中國出生性別比失衡的歷史與現狀。

（3）空間計量經濟學模型。本書從時空視角出發，構建經典計量迴歸模型、時間加權迴歸、地理加權迴歸和時空地理加權迴歸四種模型，進行出生性別比影響因素效應的比較分析，從經濟、社會、文化等多視角深入探索出生性別比主要影響因素及其時空異質性特徵。

1.3.3 技術路線（見圖1.5）

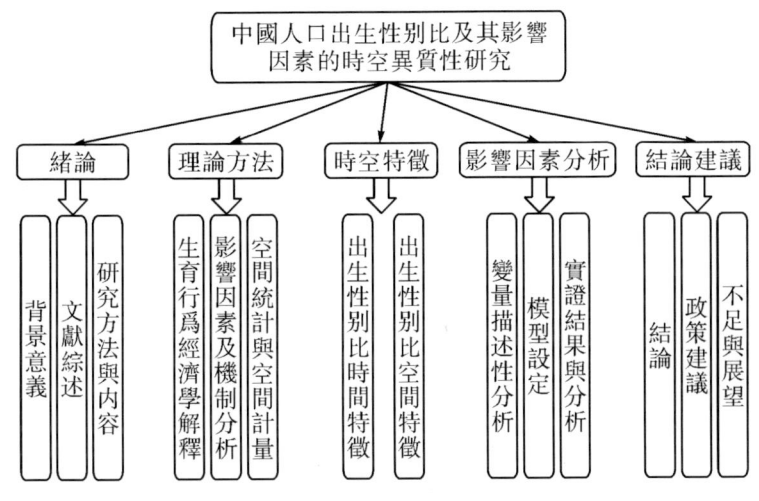

圖1.5 本研究技術路線

1.4 創新點

本書的創新之處主要有以下兩點：

（1）樣本選取方面。出生性別比失衡的問題自20世紀80年代開始出現，但過往研究在核心變量數據的選取上，多以某一年或某幾次的人口普查數據為樣本，或選用研究機構調查某些地區所得的數據，無法完整剖析出生性別比失衡發展歷程的動態變化。為保證數據的準確性及全面性，本書選取1982—2015年歷次人口普查和人口抽樣數據作為研究樣本。

（2）研究方法上，本書使用了更加前沿的實證研究方法。針對出生性別比失衡這一問題，現有研究多假設變量在時空上獨立同質，並採用經典的計量模型進行分析。但出生性別比失衡在中國存續時間長、覆蓋範圍廣，出生性別比及其影響因素在時空上的異質性不容忽視。因此，本書在實證分析中引入時空因素，採用可識別時空異質性的三種空間變系數模型進行對比分析。對於中國出生性別比實證研究而言，研究方法上具有一定的創新性。

2 基礎理論與研究方法

出生性別比偏高雖然體現的是宏觀層面的人口性別結構失衡，但是最終卻反應出微觀個體在生育決策中普遍具有男孩偏好。因此，有必要通過對個體生育行為的分析，厘清影響出生性別比的主要因素。在經濟學理性人的假設下，任何行為都是微觀個體在一定約束下追求自身效用最大化的結果，因此生育行為和家庭決策可以利用經濟學理論加以分析和解釋。

2.1 微觀個體生育行為的經濟學分析

家庭是經濟活動中的最小單位，家庭成員在戶主的組織下，通過合理配置有限資源來從事家庭生產（李樹茁和胡瑩，2012）。生育是家庭中的一項重要決策，包括對生育孩子數量和性別的選擇，受到來自家庭內部和外部環境的影響和約束。考慮到養育孩子的週期較長，且父母在此期間需花費大量的時間精力和物質成本，個體的生育行為決策往往都是經由理性思考後做出的。家庭經濟是家庭成員生存與發展的物質基礎，也是生育主體進行生育決策的重要物質條件。從經濟分析的視角解釋人類的生育行為，具有代表性的人物是哈維‧萊賓斯坦和加里‧貝克爾。

萊賓斯坦（1954，1957）將西方微觀經濟學理論引入人口研究，把孩子視為一種特殊商品，把生育過程視為商品生產過程，以「成本—效用理論」為基礎，提出「邊際孩子效用模型」和「邊際孩子合理選擇理論」，用於分析家庭生育決策。他提出生育孩子的成本包括撫養孩子所必需的物質資料，父母直接用於養育孩子花費的時間，以及父母由於生養孩子減少工作、休閒或接受教育而間接耗費的時間。孩子具有價值和使用價值雙重屬性，能給父母帶來的效用包括以下四個方面：一是消費效用，生育是對孩子這一「（耐用）消費品」的一個消費過程，父母能從孩子身上獲得精神上的快樂和滿足感；二是

收入效用，孩子可以幫助父母承擔一定的家務勞動，工作後可以為家庭帶來收入，從而分擔未來家庭經濟活動失敗可能發生的風險；三是保障效用，孩子可以為父母的老年提供物質和精神上的保障，即所謂的「養兒防老」，這一效用在社會保障制度不健全的發展中國家尤為明顯；四是家庭效用，對於強調家庭縱向關係、關注家族發展連續性的傳統型父母而言，生育可以實現家業繼承，保持家庭的社會地位，因此是其進行生育行為的主要動機（劉家強，2004）。他認為，家庭決定邊際孩子符合邊際遞減效應，家庭生育孩子會付出直接和間接成本，並帶來消費、經濟、保險等方面的多重效應。人均收入隨著經濟發展而提高，孩子的養育成本也跟著增加，但孩子的邊際效應卻在下降，導致家庭減少了對孩子的需求。子女數目決定了家庭規模，進而影響國家的人口轉變，因此得出經濟發展降低了人們的意願生育率（李競能，2006）。

貝克爾（2005）提出著名的「孩子數量質量替代理論」和「貝克爾生育率模型」。他認為由於現代社會養育孩子的直接成本和間接成本都很昂貴，在家庭收入一定、父母時間有限的情況下，為實現家庭效用最大化，父母將通過用孩子質量替代孩子數量來做出更有利的選擇。另外，他還提出因為養育孩子需要大量的時間和精力，而在高工資水準的條件下，失去的機會成本和代價也很高，因此父母工資水準的上升也會引致子女數量減少。他假設孩子是一種耐用消費品，由於孩子沒有較好的替代物，所以將家庭消費的其他商品看成綜合總商品 Z，每個家庭生育的孩子數為 n，其效用函數為：

$$U = U(n, Z) \tag{2-1}$$

因為每個人的時間成本和每個家庭的生產函數不同，所以每個家庭的預算約束為：

$$p_n n + \pi_z Z = I \tag{2-2}$$

式（2-2）中，p_n 代表生兒育女的總成本，π_z 則是 Z 的成本，I 是總收入。

當每個家庭使其效用函數最大化時，孩子與其他商品的邊際效用之比等於它們的價格之比，即：

$$\frac{\partial U}{\partial n} \Big/ \frac{\partial U}{\partial Z} = \frac{MU_n}{MU_Z} = \frac{p_n}{\pi_z} \tag{2-3}$$

式（2-3）表明，對於孩子的需求取決於孩子的相對價格和總收入，當實際收入不變時，如果 p_n 相對於 π_z 上升，那麼家庭便會減少對孩子的需求。撫養孩子所需物質資料的價格越低，孩子通過做家務或工作為家庭收入做出貢獻的潛能越大，撫養孩子的淨成本（即孩子的相對價格）越低，對孩子的需求越大。考慮到母親的時間成本是生育下一代總成本的一個主要部分，母親的勞

動參與率和時間價值成本越高意味著孩子的相對成本也越高，對孩子的需求便越小。

總之，對孩子的需求與其相對價格成反比，但總收入對孩子需求的影響方向在一些研究中出現了矛盾，貝克爾認為當中一個重要原因是孩子的數量與質量相互影響。

如果 p_c 是一個質量單位的不變成本，q 是每個孩子的總質量，$p_c \cdot q \cdot n$ 是花費在孩子身上的總量，那麼，家庭的預算約束為：

$$p_c \cdot q \cdot n + \pi_z Z = I \qquad (2\text{-}4)$$

家庭實現效用最大化的均衡條件是：

$$\begin{cases} \dfrac{\partial U}{\partial n} = MU_n = \lambda p_c q = \lambda \pi_n \\ \dfrac{\partial U}{\partial q} = MU_q = \lambda p_c n = \lambda \pi_q \\ \dfrac{\partial Z}{\partial n} = MU_z = \lambda p_z \end{cases} \qquad (2\text{-}5)$$

在式（2-4）和式（2-5）中，n 和 q 的相對影子價格是 π_n 和 π_q，由於 q 的提高會增加花在每個孩子身上的數量，n 的增加會追加到每個孩子質量上的成本，所以孩子的價格上升。求解出式（2-4）、式（2-5）的 n、q、Z 均衡值，作為這些影子價格和收入的函數：

$$\begin{cases} n = d_n(\pi_n, \pi_q, \pi_Z, R) \\ q = d_q(\pi_n, \pi_q, \pi_Z, R) \\ Z = d_Z(\pi_n, \pi_q, \pi_Z, R) \end{cases} \qquad (2\text{-}6)$$

影子收入 R 等於花在不同商品上影子的總和，即：

$$(p_c n)q + (p_c q)n + \pi_z Z = I + p_c nq \equiv R \qquad (2\text{-}7)$$

這些需求函數有一般的替代和收入效應，分別通過影子價格 π_n 和 π_q 而依賴於 n 和 q 的數量。如果 p_c、π_z 和 I 不變，那麼 n 的外生增加就會提高 q、$\pi_q(=np_c)$ 的影子價格，從而減少對 q 的需求；同時由於 n 的影子價格取決於 q，q 的減少又會降低對 n 的需求。如此往復，直到建立新的均衡狀態。在效用函數中，這種相互影響取決於 n 和 q 的相互替代性強弱，如果二者具有很強的可替代性，那麼在 n 或 q 變為負值以前，它們的相互影響才會停止。孩子的數量和質量相互影響意味著，當數量的相對價格增加時，會減少對孩子數量的需求而增加對質量的需求。

在萊賓斯坦理論基礎上，李建民（2004）提出從20世紀90年代以來，中

國生育率結束了徘徊狀態而出現了持續下降的現象，低生育水準的穩定機制已經基本建立。在家庭生育行為選擇機制上，出於對社會競爭的擔憂和美好未來的追求等方面的考慮，中國家庭在孩子撫養上投入了大量精力，養育孩子的成本大幅增加。同時，勞動力市場的激烈競爭使得母親生育孩子的機會成本提高，因此以孩子質量替代孩子數量的機制成為影響人們生育決策的主要因素。楊成剛等（2009）提出對於男孩而言，效用包括作為勞動力的即期效用和用於期用於養老的遠期效用，在計劃生育政策對於生育數量的強約束條件下，男性性別效應凸顯。

楊菊花等（2009）認為，上述觀點並未充分表達出中國當代的生育價值轉換。當人們減少對孩子數量的需求時，希望取而代之的不僅有孩子的質量，還有孩子的性別。由於孩子性別是前置決策，孩子質量是後置決策，並且由於在家庭經濟和社會生活改善上，孩子質量的效用預期與孩子性別的效用預期相比，具有較大不確定性；因而對孩子數量的性別替代很可能先於質量替代。

2.2　出生性別比失衡機制的理論研究

針對出生性別比失衡機制的理論研究，學者們提出了多種分析框架與模型。

1.「生育三維」說

顧寶昌（1992）、曾毅等（1993）認為出生性別比受一定孩子出生數量、前一子女性別以及生育時間三維坐標的影響，這一理論稱為「生育三維」說。「生育三維」說認為，探討一個完整的生育概念，應該不僅包括生育的數量方面，還應包括生育的時間和性別方面。相應地，對人口生育狀態的考察要得出一個全面的認識，也必須包括三個方面，即生多少、什麼時間生、生的是男或女。如果單從一個方面來考察生育狀況，就容易片面，引起誤解。馬瀛通等人創立了馬馮陳（MFC）數理模型，這一模型表明，某一人口一定時期內的出生性別比受三大因素的影響：①各孩次出生之前母親曾生子女性別次序內部結構；②分出生順序與性別次序別性別比，如果近似於常量，其性別比通過轉換即為分出生順序與性別次序別的男嬰出生概率或女嬰出生概率；③孩次比例。馬瀛通等人對此模型做了應用分析與研究，並得出分孩次性別次序出生性別比的理論值（馬瀛通，等，1997）。

顧寶昌（2011）認為出生性別比的失常是性別偏好的文化背景、落後的

發展水準、急遽下降的生育水準和以數為本的政策導向四個因素相互作用的結果，並提出了出生性別比失衡的理論解釋框架，如圖 2.1 所示。該模型認為，假如傾向於少生且性別傾向比較強烈，人口控制政策關注重心為人口數量減少，此時若性別鑒定技術便利，則這四個因素會同時作用於人們的生育行為，從而同時出現生育水準下降與出生性別比上升共存的現象。

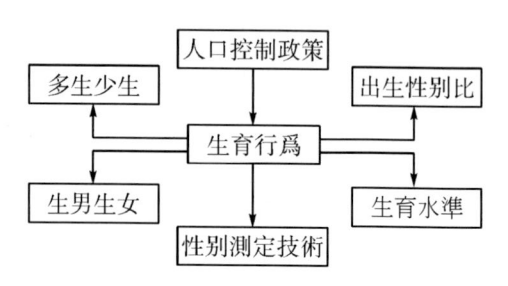

圖 2.1 中國出生性別比失衡的理論框架

2.「社會性別理論」說

穆光宗（1995）提出「生育偏好」和「生育選擇空間」的兩個概念，認為一定的生育行為總是在一定的「生育選擇空間」中進行的，而任何一種生育行為背後總是有性別偏好的驅動。在無限度的「生育選擇空間」中，性別偏好大致能得到較好滿足；反之，在有限度的生育選擇空間中，由於約束條件的存在，性別偏好就難以很好地滿足。在中國農民的生育決策中，性別選擇往往比數量選擇重要，生育決策的基礎是性別選擇。20 世紀 80 年代以來中國出生性別比偏高的根本原因是「歧視性性別偏好」。

3.「胎次—激化雙重效應」說

楊菊花（2009）認為出生性別比失衡的根本原因是基於經濟制度、文化習慣、家族政治體制的性別偏好。直接原因主要包括性別選擇性人工流產、出生登記系統的不完善等。生育政策、社會經濟的發展和現代化的進程則是二者之間的「橋樑」，稱之為「激化原因」，並構建政策與出生性別比關係的分析框架「胎次—激化雙重效應」理論模式，闡釋了二者關聯的潛在機制和路徑。她認為，一方面，政策對生育行為的剛性制約留給人們狹窄的選擇空間，該制約與男孩偏好的文化慣習相互作用，產生激化效應，致使出生性別比極度失衡。另一方面，限制性的生育政策在很短的時間內，以很快的速度降低了高胎次孩子出生的概率；同時，政策規則的多樣性使部分地區的低位女胎與男胎一樣受歡迎，導致胎次效應，使低胎的出生性別比趨於平衡。可見，在眾人不想多生，宏觀的政策環境也不允許人們多生，且二胎生育有一定條件限制的主客

觀情勢下，生育政策與出生性別比之間存在「胎次—激化雙重效應」，作用機制如圖2.2所示。

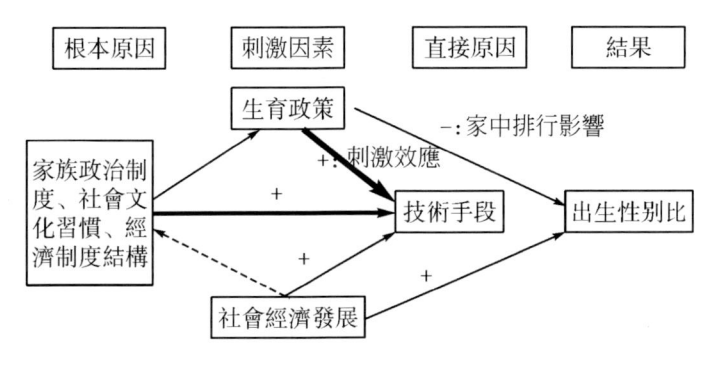

圖2.2 楊菊花（2009）提出的出生性別比影響因素分析

圖2.2中的粗細線段分別代表關係的強弱。如其所示，胎次效應和激化效應同時存在，圖中的「+」「-」符號分別表示正向或負向、提高或降低出生性別比。生育政策與出生性別比直接和間接相關，其關聯的機制在於胎次—激化雙重效應：胎次效應可直接作用於出生性別比，降低出生性別比；激化效應借助第三個因素（即技術手段）作用於出生性別比，提高出生性別比。生育政策對出生性別比具有重要意義，調整生育政策或許是緩解出生性別比失衡的主要途徑之一。楊菊華（2012）認為個體、家庭和制度本身存在多層次的需求，為應對生活、延續自身，不同主體通過對胎兒性別的選擇，滿足對於生存、安全、社會的多重需求。

4.「最優效用」說或「生育效用最大化」理論

這裡的「效用」是「經濟效用」「社會文化效用」和「心理效用」的綜合。唐貴忠（1991）和董輝（1992）基於經濟學的「理性人」假設，認為無論父母做出何種選擇，都是出於對自己有用或家庭發展有利而進行的理性決策。在中國傳統文化和社會中，有著養育男孩比養育女孩能為家庭提供更大的經濟社會效益的觀點。楊軍昌（2010）認為，影響人們的性別偏好的內在因素是「孩子效用性別差異」，即男孩效用相對於女孩效用具有優勢，由此產生「男孩偏好」。

5. 其他理論

除上述理論之外，劉爽（2002）把中國出生性別比偏高看作是一種人口表象複雜過程的「中間環節」；「上游」是導致這一現象出現的複雜社會、經濟、文化動因，「下游」則是社會、經濟後果。她認為人口生育率下降與社會生育中的「性別偏好」因素均對人口性別結構的變化產生影響；婦女曾生

(或存活)子女性別比偏離正常值和具有不同孩子性別組合的家庭分佈與構成發生變化，是人口出生性別比失常的另一類「累積性」和「後果性」表現。解振明（2002）從人群、技術和管理系統三個要素分析造成中國出生性別比升高的原因為：在出生性別比異常偏高的地方，首先，有一定規模的男孩偏好的人群；其次，有可以獲得的性別選擇信息和技術服務；最後，存在著對性別選擇行為疏於管理的系統。這三要素在中國社會經濟、文化習俗和生育政策的大環境下發揮著作用。喬曉春（2004）通過定量分析考察了中國外生性別比偏高的直接和間接原因，認為中國出現的高性別比是在強烈的男孩偏好的條件下過分壓縮每個家庭孩子數量的結果。

陳友華和胡小武（2012）認為出生性別比失衡存在直接原因與間接原因。其中，直接原因主要包括：一是胎兒性別鑒定與性別選擇性人工終止妊娠，這是中國出生性別比失調的最主要原因，人工流產的合法化某種意義上成為中國出生性別比失調的幫凶，雖然對人工流產有明確的規定，但實際情況是只要孕婦願意，幾乎出於任何原因的人工流產都可以實施；二是出生的瞞報、漏報、錯報與重報；三是相對於男性而言的較高的女嬰與女童死亡率；四是孕前性別選擇。上述原因二至四雖然對中國出生性別比失衡產生了一定的影響，但並不是主因（曾毅，等，1993；李湧平，1993；穆光宗，1995；喬曉春；2004；韋豔，李樹茁，費爾德曼，2005）。

從間接原因考察，出生性別比失調既與傳統觀念相關，又與中國的經濟、政治、社會與文化環境密切相關。中國的現代化進程，雖然弱化了人們對子女的數量偏好，但在改變人們對子女的性別偏好方面卻顯得有些「力不從心」，生育數量意願轉變在先，生育性別偏好轉變在後。這種「文化滯後」因素與社會保障不健全、生產力發展水準不高、農村家庭對勞動力需求等經濟因素、社會因素、心理原因、政策因素、管理因素等結合在一起，制約了出生性別比從高位的回落（葛小寒，2000；原新，石海龍，2005；陳友華，徐愫，2009）。影響中國出生性別比高低的因素及其相互之間的關係，如圖2.3所示。同時，社會、經濟、政治、文化因素通過對受孕胎兒性別實行胎兒性別鑒定與性別選擇性人口流產等的人為干預，以及通過改變婦女受孕的生理環境與受孕時機，從而增加受孕男性胚胎概率的生理因素，進而對出生性別比產生影響。

王軍（2013）提出中國出生性別比失衡的多層次影響因素模型。其中，婦女生育子女的數量、性別和間隔等，不僅受到婦女個人年齡、戶籍、民族等個人特徵，已有子女數量和性別等生育史特徵，家庭類型等微觀層次因素影響，還受到生育政策和地區社會經濟狀況的影響。生育政策和地區社會經濟狀

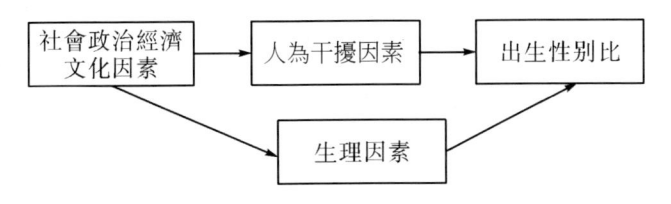

图 2.3 陳友華和胡小武（2012）提出的出生性別比影響因素分析

況不僅有可能對中國出生性別比有直接影響，而且還可能通過婦女個人和家庭特徵對其有間接影響，如圖 2.4 所示。

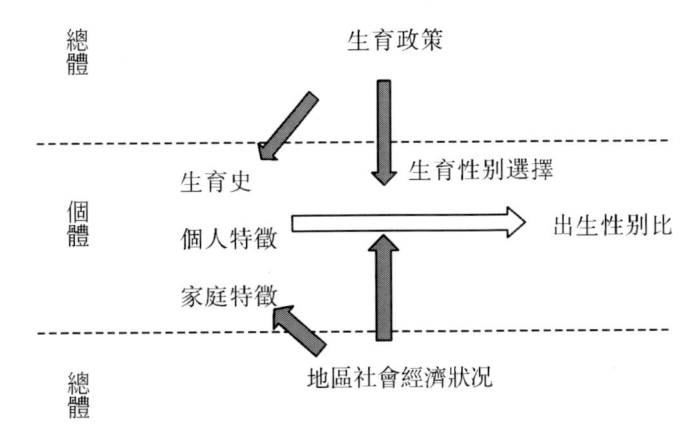

圖 2.4 王軍（2013）提出的出生性別比多層次影響因素模型

該模型將生育政策和地區社會經濟狀況納入一個模型中，將生育政策和地區社會經濟狀況設定為宏觀層面的影響因素，而將婦女個人和家庭特徵設定為微觀層面的因素，不僅更加符合影響婦女生育行為的實際情況，還可以克服統計方法上的偏誤；並且，該模型還可能通過婦女個人和家庭特徵等對出生性別比產生間接影響（王軍，2013）。

李樹茁和胡瑩等（2014）將出生性別比異常的各種影響因素總體上分為宏觀和微觀兩個層面。他們認為從宏觀層面來看，人口和社會經濟變量通過生物因素直接作用於人口再生產過程。從微觀層面看，家庭作為社會構成的基本單元和生育行為的主體，家庭層面生育決策直接影響該家庭的人口生產行為，進而在宏觀層面影響人口出生性別比。並以性別失衡機制分析的多層次理論為指導，認為外生的宏觀變量和內生的微觀個人/家庭層次變量均對家庭生育選擇行為產生影響（Chung, 2007；Guilmoto, 2009），提出了中國家庭生育選擇行為的影響機制分析框架，如圖 2.5 所示。

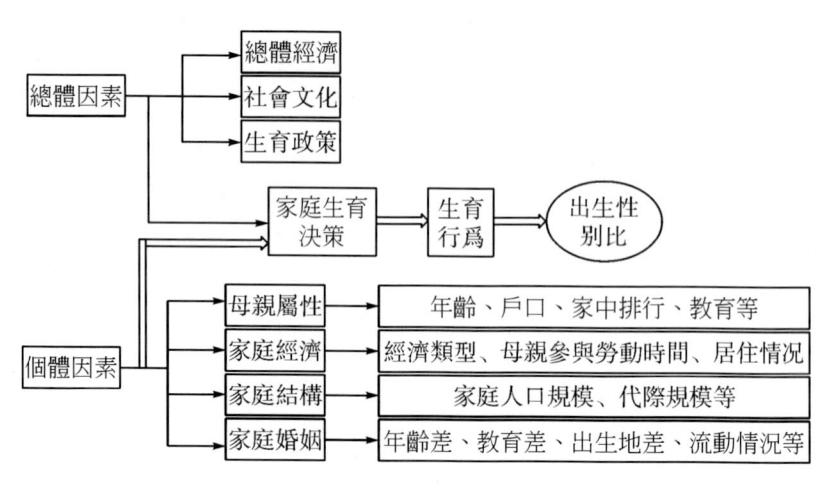

圖 2.5　李樹茁和胡瑩等（2014）提出的家庭生育選擇行爲機制分析框架圖

　　該框架是一個由宏觀和微觀兩個層面的多因素多層次分析框架，既包括了個體/家庭微觀層面的人口學特徵變量，也包括了宏觀層面的社會經濟制度變量。分析框架中微觀個人/家庭層面的變量，具體包括反應個人層面的人口學變量、影響生育意願和行爲的家庭經濟學變量、影響性別偏好和反應文化傳播的家庭結構變量和家庭婚姻模式。

　　閆紹華和李樹茁（2018）提出出生性別比失衡的根本原因是男孩偏好，計劃生育政策對家庭生育數量的限制是外在壓力因素，B 超等相關醫療技術的發展是條件性因素。進一步來說，社會各個領域的性別不平等是男孩偏好長期存在的根本原因，該原因是動態變化的，經濟結構、社會結構和制度保障等的變遷，均牽動性別不平等的強度和分佈。

　　宋健（2018）從三個層面對出生性別比失衡的生育選擇機制進行了探討，認爲性別偏好、生育決策、出生性別比失衡聯結了微觀（個體）、中觀（家庭）和宏觀（社會）三個層面。他基於社會進化理論、家庭決策理論和計劃行爲理論構建了出生性別比失衡的生育選擇機制分析框架，分別對應宏觀、中觀和微觀三個層面，如圖 2.6 所示。

　　在宏觀層面，出生性別比失衡本質上是由社會子系統內部結構分化的差異性及其對家庭和個人影響的程度和方向不一致所導致的。社會在迅速進步的過程中，市場經濟繁榮、城鎮化進程加速、技術越來越普及，與此同時在某些家庭或人群中性別偏好特別是男孩偏好觀念依然強烈，社會上關於社會性別相關的文化制度也一時難以撼動，由此導致了個體理性（滿足性別偏好）和群體理性（性別平等）間的分歧和衝突。夫妻的生育偏好不僅相互影響，還受雙

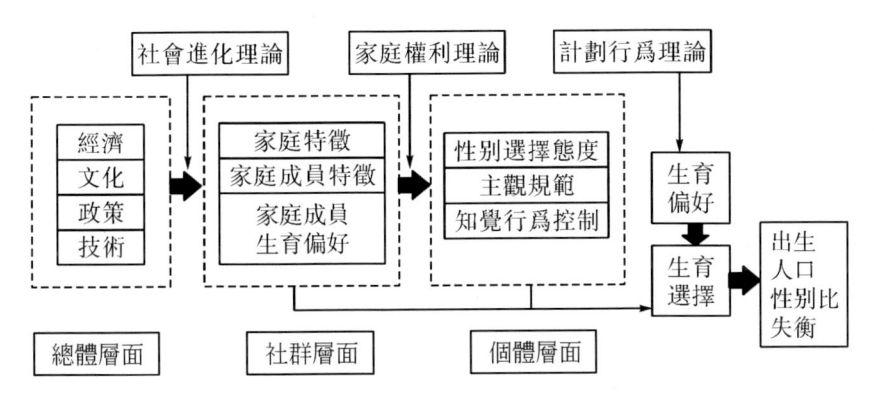

圖 2.6　宋健（2018）提出的出生性別比失衡的生育選擇機制

方父母生育偏好的影響。對育齡婦女而言，不僅受到其原生家庭的生育偏好影響，也會受到婚後家庭公婆生育偏好的影響，影響程度與原生家庭的規模及婚後家庭與公婆的居住安排有關。從個體層面看，婦女的生育性別選擇決策會受到其對子女性別價值的判斷及對選擇孩子性別的讚同程度、感受到的社會壓力以及實施性別選擇行為的難易程度三個因素影響（宋健，2018）。簡言之，出生性別比是基於個體的生育意願和行為所呈現的宏觀人口學指標，經濟、文化、政策、技術等社會子系統的影響通過家庭生育決策折射到個人，並通過性別選擇態度、主觀規範、知覺行為控制影響婦女個體的生育偏好，進而轉化為生育選擇行為。

2.3　出生性別比的主要影響因素分析

綜上，本書認為微觀個體間的生育行為選擇如果只具有異質性而不具有同質性，那麼在宏觀層面出生性別比便不會呈現出持續上升的趨勢。出生性別比失衡的現象，既是微觀個體生育行為在宏觀層面的集聚，又是宏觀因素對其影響的結果。出生性別比失衡是多種因素共同作用所形成的，經濟、社會、醫療因素，以及中國特有的計劃生育政策，會抑制家庭對孩子數量的需求，刺激家庭增加對孩子質量的需求。出生性別比失衡的發展，是多數家庭認為男孩是優於女孩的「高質量」孩子在宏觀出生性別比上的集中體現，下面具體分析各個因素對出生性別比失衡的影響機制。

第一，經濟基礎決定上層建築，任何社會問題的形成都受到經濟的作用。關於經濟因素與出生性別比二者之間的關係，有學者認為隨著經濟發展水準的

提高，人們性別偏好程度可能減弱，在生育決策過程中的性別偏好程度下降，進而導致出生性別比趨於正常，按照這樣的邏輯，經濟發展與出生性別比之間呈現負相關關係。但劉爽（2009）也指出隨著經濟的發展和人們生活質量的提高，胎兒死亡和死產的風險性降低，而生命相對脆弱的男性胎兒由此獲益更大，遵循這一作用路徑則可得出經濟發展與出生性別比之間呈現正相關關係。楊菊花和李紅娟（2015）認為經濟和社會的發展與出生性別比之間可能具有兩個反向關係：不發達和發達都可能致使出生性別比失衡。一方面，經濟發展水準較低，人們對男孩的工具性依賴就越大，性別觀念也可能更為傳統，致使出生性別比失衡。另一方面，經濟發展程度較高，醫療衛生條件較好，胎兒性別鑒定技術更為便捷和可及，使得非醫學需要的胎兒性別鑒定和非醫學需要的性別選擇性人工流產（即「雙非」）更易實現，致使出生性別比失衡。但是，同時較高的經濟發展水準及社會發展程度，往往伴隨著城市化和現代化的深入推進，現代性逐漸取代傳統性，性別觀念也隨之更趨平等，進而作用於人們的生育行為。從這個意義上講，經濟與社會發展可能對出生性別比有抑製作用。

　　劉華等（2014）認為經濟發展水準與人口出生性別比二者之間可能具有倒「U」形的關係。原因是，在經濟發展初期，一方面，生產技術水準較低時，生產活動多依靠體力勞動，由於兩性在生理上的差異，男孩便被認為是「高質量」的孩子。另一方面，隨著經濟的不斷增長，收入水準提高，選擇「高質量」孩子的能力也隨之增強，從而使出生性別比上升，故而出生性別比有可能提高。

　　第二，當一個國家生育率下降的速度太快，下降到一個過低的水準時，就會出現生育數量和生育性別之間的矛盾激化，人們能夠擁有的生育孩子的數量與對生育性別願望的矛盾被激化。這種矛盾的激化最後形成了「質量換數量」的生育行為，即不能多生來達到生育性別的願望就通過選生來實現，從而造成出生性別比高的問題。

　　第三，女性社會地位是影響家庭生育決策的一個重要因素，若女性社會地位遠低於男性，這既會削弱女方在家庭決策中的話語權，又影響女嬰未來的發展，減少其能為家庭帶來的效用，被看作是「低質量」的孩子。在這種情況下，女性社會地位的小幅提高，不能從根本上改變女性在社會中的弱勢地位，反而會提升其進行人為性別選擇的能力，從而使出生性別比上升。在社會保障制度並不完善的情況下，父母未來依靠孩子養老，由於中國長期存在「從夫居」的婚俗，兒子被認為是父母養老的主要依靠，當政府無法解決養老問題時，家庭對後代的性別選擇就會傾向於男性，致使出生性別比失衡。

第四，通常認為，經濟發展和社會保障是避免出生性別比升高的有效辦法，但是比較韓國和臺灣地區，發達的經濟和完善的社會保障體系並沒有有效遏制出生性別比的升高。由此可見傳統的男孩偏好在生育觀念上的強大影響，這屬於傳統風俗習慣、文化因素。文化因素對人們的觀念有著強有力的感染作用，在沒有外力的干預下，觀念往往具有較強的黏性。中國是歷史悠久的農業文明國家，傳統文化中長期存在「重男輕女」的觀念，除了男孩能為家庭產生更大的經濟效益，在情感需求上父母也會認為相比於女孩，男孩是更「高質量」的孩子。農業文明的根基越穩定，男孩偏好的強度越大，進而人們便會通過人為選擇胎兒性別的方法實現男孩偏好，最終推高出生性別比，這種社會性別差異也是出生性別比偏高的重要因素。

第五，政策因素。過去很長一段時間，中國計劃生育人口政策主要內容包括提倡晚婚晚育、少生優生和一對夫婦只生育一個孩子。計劃生育人口政策的制定和實施體現了社會政治因素對個體生育者生育意願的作用，通過這一政策擠壓了家庭對生育孩子數量的選擇空間，使其男孩偏好無法通過早生和增加生育數量實現，但是同時也進一步強化了生育者的性別選擇意識與行為，間接導致出生性別比失衡。以一孩為主導的偏緊的生育政策，助推了出生性別比的升高；但是，生育政策這只「手」，既能推高出生性別比，也能拉低出生性別比。

就寬鬆生育政策是否有利於出生性別比正常化，宋健（2018）對這一問題進行了深入探討，提出全面兩孩政策的實施為滿足大多數中國人的兒女雙全偏好提供了數量基礎，但理論上並非所有生育兩孩的家庭都能如願以償。2016年中國人民大學人口與發展研究中心實施的全國抽樣調查顯示，對第一個孩子的性別順其自然是大多數家庭的態度；對第二個孩子的性別期望則往往基於第一個孩子的性別，以互補型為主，以達到兒女雙全的目的為最佳。對兩個孩子的性別期望排序則是兒女雙全為首，其次是兩個女兒，再次才是兩個兒子，原因在於養兩個兒子經濟負擔更重。第一個孩子為女孩的家庭對第二孩生育的顧慮要小於第一個孩子是男孩的家庭，甚至已有一個男孩的家庭不打算生育二孩的比例更高。因此，從上述調查結果推斷「全面兩孩」政策的實施將有助於第一孩的出生性別比恢復正常。

第六，醫療因素。男孩偏好並不必然地引致出生性別比偏高，它僅僅是出生性別比升高的必要條件，出生性別比是否繼續失衡取決於人們的性別偏好在多大程度上從意願表達轉向育前選擇行為。醫療水準則是實現人為選擇孩子性別的技術條件，只有社會具備了性別鑑定和流引產的技術，且公眾有能力獲得

性別選擇性流引產技術及其相應服務時，才會真正地導致出生性別比的升高。其發展水準越高，人為選擇胎兒性別的成功率也越高，因而出生性別比失衡也越嚴重。

2.4 空間計量經濟學模型

傳統計量經濟學假設樣本之間是相互獨立的，然而在現實中，隨著科技的進步及交通運輸方式的飛速發展，區域之間的交流日趨頻繁，空間單位中的屬性相互影響，不再作為獨立的個體而存在。這很大程度上挑戰了經典計量經濟分析中的獨立性假設，因此在分析與地理位置有關的空間數據時，有必要充分考慮是否存在空間上的相互依存，否則將影響研究結論的科學性與嚴謹性。

2.4.1 空間自相關性

空間自相關性，也被稱為空間依賴性，指的是處於不同區域的事物在空間上相互聯繫、相互作用、相互制約。若鄰近區域事物具有相似的屬性，則相鄰空間的屬性值呈現出趨同集聚的特徵，即高值與高值、低值與低值相集聚，就是正的空間自相關；若鄰近區域事物具有相異的屬性值，則相鄰空間的屬性值呈現出趨異集聚的特徵，就是負的空間自相關。

根據度量範圍的不同，空間自相關又分為全局空間自相關和局部空間自相關。全局自相關刻畫的是空間單元上屬性值之間的整體分佈情況，即全局範圍內是否存在集聚特徵。局部空間自相關是用來刻畫局域空間單元的屬性值分佈特徵的，特別是分析集聚所發生的位置（陶長琪，2016）。

Moran's I 指數是全域空間相關性檢驗的常用指標，其計算公式如下：

$$Moran's\ I = \sum_{i=1}^{n}\sum_{j=1}^{n}w_{ij}(x_i - \bar{x})(x_j - \bar{x})/S^2\sum_{i=1}^{n}\sum_{j=1}^{n}w_{ij} \qquad (2-8)$$

式（2-8）中，x_i 為觀測值，n 為研究區域內地區總數，w_{ij} 為空間權重矩陣中的元素，$\bar{x} = \frac{1}{n}\sum_{i=1}^{n}x_i$，$S^2 = \frac{1}{n}\sum_{i=1}^{n}(x_i - \bar{x})^2$。*Moran's I* 指數大於零表示正相關，接近於 1 表示具有相似的屬性集聚在一起，小於零表示負相關，接近於 -1 表明相異的屬性聚集在一起；如果 *Moran's I* 指數接近於 0，則說明不存在空間相關性。

對全局空間自相關的分析往往會掩蓋局部狀態的差異性，為深入分析空間自相關的模式，需要進行局部自相關分析，這一分析的常用指標為 LISA

(Local Indicators of Spatial Association，LISA)。LISA 分析中包括局部 Moran 指數和 Moran 散點圖。局部 Moran 指數用來定義區域 i 與其鄰近區域之間的關聯程度，其計算公式為：

$$I_i = (x_i - \bar{x})/S^2 \sum_{i \neq j} w_{ij}(x_j - \bar{x}) \qquad (2\text{-}9)$$

在式（2-2）中，當 I_i 為正時，高值與高值或低值與低值相鄰；I_i 為負時，則說明高值被低值包圍，或低值被高值包圍。LISA 顯著性水準與 Moran 散點地圖相結合，形成 LISA 聚類地圖，可識別人口出生性別比在局部空間集聚的「熱點」和「冷點」地區，揭示空間奇異值。

2.4.2 空間異質性

空間異質性又稱為空間差異性，是空間效應的一個部分。空間異質性是變量隨所處的位置變化產生的差異性，可根據空間單元的特性，利用結構變化的空間計量模型進行處理。為區分空間異質性在表現形式上的差別，Anselin（1999）將其分為空間異方差和空間結構非均衡兩種形式。空間異方差需要對模型的誤差項進行異方差處理，而空間結構的非均衡性則需通過設定空間結構或設置空間系數來實現。

空間異方差是空間結構等屬性所導致的異方差。對其處理的方法包括：將誤差項分解為某個隨機擾動項自迴歸和獨立的干擾項，隨機系數模型方法，將隨機誤差項分解成空間虛擬變量和共同因素表示的個體影響因素。空間結構的非均衡性則主要表現為模型中的變量參數存在空間非均衡性。採用連續型和離散型的空間異質性處理方式，參數非均衡性也會相應地表現為連續型和離散型。

2.4.3 地理加權迴歸模型

傳統的計量模型在進行統計推斷與估計時，假定所有觀測值都滿足獨立同分佈的假設，而對於空間數據，位置相鄰的地區間往往存在空間自相關性，對傳統計量理論的獨立同分佈假設造成挑戰，忽略空間因素將使得估計結果產生誤差，不能準確地探測出變量之間的真實關係。為解決參數隨地理位置變化而變化這一問題，Fortheringham 等（1998）等將數據的地理位置信息加入迴歸參數中，提出了地理加權迴歸模型（Geographically Weighted Regression，GWR），其基本設定如下：

$$y_i = \beta_0(u_i, v_i) + \sum_{k=1}^{p} \beta_k(u_i, v_i) x_{ik} + \varepsilon_i \qquad (2\text{-}10)$$

式（2-10）中，$\beta_0(\mu_i, v_i)$ 和 $\beta_k(\mu_i, v_i)$ 分別表示第 k 個迴歸變量對應的截距項和第 i 個地區的第 k 個解釋變量的迴歸系數函數；y_i、x_{ik} 分別表示模型的被解釋變量和解釋變量，$\varepsilon_i \sim N(0, \sigma^2)$ 表示模型擾動項，反應了空間隨機效應水準；$\text{cov}(\varepsilon_i, \varepsilon_j) = 0 (i \neq j)$。Fotheringham 等（1998）根據地理學第一定律，利用加權最小二乘法來估計參數，得公式（2-11）：

$$\hat{\beta}(\mu_i, v_i) = [X^T W(\mu_i, v_i) X]^{-1} X^T W(\mu_i, v_i) Y \qquad (2-11)$$

在式（2-11）中，$W(\mu_i, v_i)$ 是一個 n*n 矩陣，其對角線元素表示觀測數據對觀測 i 的地理權重，非對角線元素為零，其中全是迴歸點所在的地理空間位置到其他各觀測點的地理空間位置之間的距離函數。

2.4.4 時空地理加權迴歸模型

除了空間因素，觀測點屬性還會隨著時間的推移而發生結構性變化，GWR 模型只考慮了空間信息對模型估計的影響，不能反應時間的異質性。Huang 等（2010）在 GWR 模型的基礎上，又將時間因素納入考量，提出了可識別時空異質性的時空加權迴歸模型（Geographically and Temporally Weighted Regression, GTWR），以 (u_i, v_i, t_i) 三維坐標構造時空權重矩陣，同時考慮時間與空間上的距離，距離 i 區域越近的區域被賦予的權重越大，其模型基本設定形式如下：

$$y_i = \beta_0(u_i, v_i, t_i) + \sum_{k=1}^{p} \beta_k(u_i, v_i, t_i) x_{ik} + \varepsilon_i \qquad (2-12)$$

在式（2-12）中，主要變量的設定與 GWR 模型類似，t_i 為第 i 個樣本的時間信息，$\beta_0(\mu_i, v_i, t_i)$ 和 $\beta_k(\mu_i, v_i, t_i)$ 分別表示不同時期 t_i 內第 k 個迴歸變量對應的截距項和第 k 個解釋變量在不同時期 t_i 內在不同地區的迴歸系數函數。$\beta_k(\mu_i, v_i, t_i)$ 估計公式如下：

$$\hat{\beta}(\mu_i, v_i, t_i) = [X^T W(\mu_i, v_i, t_i) X]^{-1} X^T W(\mu_i, v_i, t_i) Y \qquad (2-13)$$

在式（2-13）中，$W(\mu_i, v_i, t_i)$ 是對角線元素表示觀測數據對觀測 i 的時空權重，即迴歸點與其他各觀測點之間的時空距離函數。參見 Bo Huang 和 Bo Wu 等（2010），可以將時空距離定義為地理距離和空間距離的加權線性函數，公式如下：

$$d^{ST} = k_s d^S + k_t * d^T \qquad (2-14)$$

其中 d^S、d^T 分別表示為地理距離和空間距離，k_s 和 k_t 為零表示時間加權模型（TWR）和地理加權模型（GWR），該模型估計具體方法介紹參見 Bo Huang 和 Bo Wu 等（2010）。Fotheringham 等（2015）驗證了當時空異質性十分嚴重時，GTWR 模型具有更優的統計性質，並且在偏差—方差權衡問題上表現更好。

3 中國省域出生性別比的時空分異特徵

3.1 基本概念、指標意義與時代背景

3.1.1 性別比相關概念

性別是人口最基本的屬性之一，人口性別結構表示一個國家（地區）的人口中男性人口與女性人口的比例關係，其結構的合理性對於一個國家（地區）的發展至關重要，是構建和諧社會與實現人口可持續發展的重要基礎（李雨潼，2013）。

性別結構，通常採用男性和女性各自在總人口中所占比例，以及男性與女性數量之比（即性別比）兩種指標進行測度。

其中，對於對人口性別比的測度，又細分為出生性別比、總人口性別比、孩次性別比、分年齡性別比和遷移人口性別比等指標。其中，人口研究最為關注的是出生性別比，它決定了分年齡人口性別比和總人口性別比。出生性別比，是指為便於觀察和比較所定義的每出生百名女嬰相對的出生男嬰數，一定時期（一般為一年）內出生的活產男嬰總數與活產女嬰總數的比值，反應了嬰兒出生時男嬰與女嬰在數量上的比例關係，通常表示為平均每100個活產女嬰所對應的活產男嬰的數量（劉爽，2007），公式如下：

$$出生性別比 = 100 \times (出生活產男嬰數/出生活產女嬰數) \quad (3-1)$$

總人口性別比是綜合、粗略、概括地反應人口性別構成的靜態指標，通常也稱為人口性別比，是指同一人口總體中的男性人口與女性人口之比，國際上通常用每100個女性人口相對應的男性人口的數量來表示（馬瀛通，1994），公式如下：

$$總人口性別比 = 100 \times （男性人口/女性人口） \qquad (3-2)$$

人口性別比是各個年齡性別比的綜合反應，它既受出生性別比的影響，又受年齡構成及男女死亡率差異的影響；既受遷移人口性別差異影響，又受戰爭、天災及婦幼保健、婦女地位、醫療衛生事業發展水準的影響（馬瀛通，1994）。

總人口性別比與出生性別比是兩個根本不同的概念，其通常值（正常值）範圍也不一樣（馬瀛通，等，1998）。

此外，分孩次出生性別比是指根據嬰兒在家庭中的出生順序計算的分孩次的出生性別比，主要用於研究嬰兒出生順序與性別比結構之間的關係。

分年齡出生性別比是指按年齡分組計算的出生性別比，用以研究不同年齡段與性別比結構之間的關係。

還可以按照城鄉、文化程度，以及母親教育程度、遷移地區、職業與行業等為標示，考察和研究出生人口的性別比。

3.1.2 出生性別比的正常值範圍

出生性別比是一個具有很強的自然屬性傾向特徵的指標，在沒有人為干擾和特殊事件的自然生育狀態下，人類的出生性別比由生物學因素決定，取決於受孕時的胎兒性別比和不同性別胎兒發育過程中的死亡率差別（陶濤和楊凡，2015）。然而，在人類對生育子女數及其性別有選擇性要求的社會中，在一定生產力與生產方式基礎上的不同社會、經濟發展階段，其值域的穩定與波動，是生物、社會、經濟因素在一定文化氛圍下，以前者為主體因素而共同作用的結果。因此，出生性別比必然會在總體出生人口、分地域或分孩次上，要麼反應出城鄉差異，要麼反應出地理分佈差異，要麼反應出歷史階段性差異或民族差異，但是這種差異通常很小（馬瀛通，等，1998）。

嚴格意義上的出生性別比，應該是準確限定在出生時刻這一時點上活產男嬰與女嬰人數的對比關係。在沒有人為干擾的前提下，它是一個主要受受孕性別比、胎兒死亡性別比、死產性別比等因素影響的，非常穩定的人口統計指標。而受孕性別比、胎兒死亡性別比和死產性別比等，除直接受自然生物因素的影響，也間接受到社會因素的影響。但是由於生物進化的長期緩慢性和社會因素間接影響的微弱性，使得出生性別比指標在特定的時期內十分穩定，大致是在一個正常值範圍內圍繞某一中心點略有波動（劉爽，2007）。

對出生性別比值域範圍的研究最早源於1662年，英國人口學家約翰·格蘭特（John Grant）在《關於死亡證書的自然和政治的觀察》一書中，通過對

倫敦1628—1662年出生男嬰與女嬰數量的觀察與分析，首次提出人類出生時的男嬰數量與女嬰數量是一個相對穩定的比值（14：13），即107.69。歷經293年後，1955年10月聯合國在其出版的《用於總體估計的基本數據質量鑒定方法（手冊Ⅱ）》（*Methods of Appraisal of Quality of Basic Data for Population Estimates, Manual* Ⅱ）中認為：「出生性別比偏向於男性，一般來說每出生100名女嬰，其男嬰出生數置於102~107。」此分析明確認定了出生性別比的通常值域（或正常值範圍）為102~107。從此，出生性別比值下限不低於102、上限不超過107的值域一直被國際社會公認為通常理論值，其他值則被視為出生性別比異常或出生性別比失衡（馬瀛通，等，1998）。失衡程度可以進一步細分為輕度失衡（108~110）、中度失衡（110~120）、重度失衡（120~130）以及極度失衡（大於130）。

性別比是隨年齡增高而逐漸下降的一條曲線，不同國家、不同地區以及不同民族等的出生性別比不完全相同，但是一般差異較小（李雨潼，2013）。在男嬰死亡率高於女嬰以及男性青少年死亡率大於女性青少年死亡率這兩個因素作用下，到婚齡年齡段，男女兩性的人口基本就會處於均衡狀態，進入老年期後的人口性別比降到100以下。有學者測算指出，存在社會因素干擾的條件下，如果有10%的孕婦或家庭具有強烈的男孩偏好，且能夠便捷地獲得性別選擇技術和順利實施性別選擇性引流產的話，那麼，出生性別比將從107上升到118.89；如果將這一比例提高到20%，出生性別比將從107上升到133.75（湯兆雲，2007）。因此，出生性別比是決定人口性別結構的基礎，正常的出生性別比能夠很好地保證每個年齡段的性別比例處在正常值範圍之內，進而保證社會穩定，是人口長期均衡發展的關鍵。

出生性別比是各類性別構成統計中最基本的統計分析指標，它是一個時期性指標，在沒有人為干擾受孕性別比與出生性別比的條件下，只要出生嬰兒及其性別登記完整準確，那麼，出生性別比無疑是出生男嬰數與女嬰數相對量化的客觀反應。但如果是調查資料，出生性別比還是一個在大數定律作用下表現穩定的人口統計指標，對統計數量比較敏感。在計算出生性別比之前，首先需要對數據資料進行分析評估，確認數據量是否足夠大和數據是否準確。即統計數量對於判斷出生性別比的正常值範圍有著直接的影響，要求在計算和分析出生性別比時，首先考慮出生人口規模對指標計算的影響，不能簡單認為出生性別比低於103或高於107就是出生性別比失衡，因為可能出現因樣本規模不足而導致的隨機波動（劉爽，2007）。

出生性別比升高是不同年齡段人口性別比上升的前提。所以，出生性別比

在度量人口的均衡發展中，起著重要的預警作用。出生性別比以及隨後各年齡段人口的死亡率共同決定了一個人口群體的性別構成，出生性別比的變化直接影響著人口的性別年齡結構的變化。從更廣泛的角度看，人口性別年齡結構又影響著將來的人口婚姻形態和就業結構，從而對社會經濟的健康發展產生重要和深遠的影響。

3.1.3 中國生育政策的形成與發展

出生性別比是基於個體的生育意願和行為所呈現的宏觀人口學指標，經濟、文化、政策、技術等社會子系統的影響通過家庭生育決策折射到個人，並通過性別選擇態度、主觀規範、知覺行為控制影響婦女個體的生育偏好，進而轉化為生育選擇行為（宋健，2014）。中國有著獨特的生育政策，與出生性別比有著密切關係，本部分將對於中國生育政策的形成與發展進行總結。

原新（2016）在研究中介紹：1949年中華人民共和國成立以後總人口為5.42億，經濟社會發展需要人口增加，人口生產出現了補償性生育現象。此時，中國對人口增長問題放任自流、沒有任何限制，之後雖經歷了「大躍進」和「三年困難」時期，人口死亡率異常升高，但並未阻擋人口總量的快速增加，1964年超過7億，1974年越過9億，呈現「爆炸式」增長。同時，在中國人口規模以前所未有的高速度急速膨脹的階段，恰恰遭遇了「文化大革命」。一方面，經濟社會系統受「文化大革命」的巨大衝擊，生產能力低下，生產力不足，物質資源匱乏；另一方面，家庭的生育能力到了極致狀態，婦女總和生育率水準始終在6上下波動，達到了中國歷史上空前絕後的高生育率，特別是1963年，總和生育率最高值甚至達到7.5，年出生人口規模達2,959萬人，創歷史最高紀錄。20世紀70年代初，為抑制人口過快增長，中國開始在全國範圍內推行計劃生育政策。

無論出於客觀需要，還是出於現實情況，計劃生育政策自產生之日起，就不斷地根據人口、經濟、社會發展形勢做動態調整。20世紀70年代初期，「晚、稀、少」（即晚婚、晚育、少生、拉開間隔生）的彈性政策拉開了計劃生育的序幕。隨後，生育政策迅速收緊，20世紀70年代中期，家庭生育孩子數量提倡最多3個，70年代後期過渡到最好2個。1978年「國家提倡和推行計劃生育」被寫入《中華人民共和國憲法》（以下簡稱《憲法》）。1980年明確提出「提倡一對夫婦只生一個」的獨生子女剛性政策，1982年把計劃生育確立為一項基本國策。1982年《憲法》修訂又增加了「夫妻雙方有實行計劃生育的義務」條款。然後，在1984年為緩和農村生育與生產生活的矛盾，修

改農村家庭可生育「一孩半政策」（即第一胎是男孩就不能再生第二胎，第一胎是女孩可以再生第二胎）。90 年代開始，各省域逐步實施「雙獨二孩」政策。21 世紀以來，部分省域逐步實行了農村普遍二孩政策。至此，形成了長達 30 年之久的城鎮「一孩」農村「一孩半」、部分人群和部分省域可以「二孩」，少數民族適當放寬的計劃生育政策基本面（原新，2016）。

之後，2013 年單獨二孩政策啓動，陸續在各省域落地實施，進一步放寬計劃生育政策的呼聲越來越高。「單獨二孩」政策實施後的第一年，並未出現預計的「生育高峰」，2015 年 10 月中共中央第十八屆五中全會做出決定，全面實施一對夫婦可生育兩個孩子政策。同年 12 月 27 日，第十二屆全國人大第十八次會議將「提倡一對夫妻生育一個子女」修改為「提倡一對夫妻生育兩個子女」，標誌著中國結束了以一孩為主導的偏緊生育政策的歷史。

作為調節人口生育行為最主要手段的生育政策（法規），客觀上發揮了重要的規範和引導作用，絕大多數公民依法依規約束自己的生育行為，在黨政領導重視和相關因素的共同作用下，人口再生產實現了從「高出生、高死亡、高增長」到「低出生、低死亡、低增長」的根本轉變，為中國經濟、社會、環境、資源的協調發展和可持續發展創造了良好的人口環境。但是，人口和計劃生育工作同時也暴露出一些問題，如偏緊的生育政策強制約束作用催生了人口老齡化、出生性別比升高、獨生子女家庭增加、獨生子女死亡和傷殘特殊群體出現等問題（石雅茗，2016）。

出生性別比升高並不是一個突發性事件，而是由經歷若干年之後的累積效應產生的，出生性別比的變化是在各種影響因素的共同作用下，隨著時間的延長，影響因素的累積作用下產生的。生育政策對出生性別比異常變化的影響同樣經歷了一個效應累積的過程。基於中國經濟社會和人口管理的城鄉二元體制，從城鎮「一孩」、農村「一孩半」「單獨二孩」到「全面二孩」，生育政策從政策設計到制度安排都表現出城鄉差異的特點（石雅茗，2016）。

3.2 中國全國出生性別比時間特徵

3.2.1 全國出生性別比

出生性別比長期嚴重失衡是中國人口發展領域的一個突出問題。隨著經濟社會發展，中國出生性別比的態勢也在不斷發生變化。這種變化對於如何認識中國的出生性別比問題具有重要意義。本節從多維度、多視角，對中國全國出

生性別比，東中西部分孩次出生性別比，分城鄉出生性別比，以及女性不同生育年齡、不同受教育程度的出生性別比，進行動態時間特徵研究。

中國的人口數據有著獨特的統計來源和口徑，分散在多個政府部門，如國家統計局是法定的權威統計部門，負責人口普查和每年的人口抽樣調查；公安部門負責戶籍制度和戶口登記，提供戶籍人口數據；衛生和計劃生育委員會負責監測中國出生人口及人口變動，提供出生人口數量和一些關鍵指標數據，如出生率、死亡率和自然增長率。各個部門提供的同一指標數據可能不一致，有時甚至相差很大，其中人口普查數據是比較全面和權威的數據（姜全保，等，2018）。

因此，本書的研究數據來自第三次、第四次、第五次、第六次全國人口普查（簡稱「三普」「四普」「五普」和「六普」）資料和 1985 年、1995 年、2005 年及 2015 年全國 1% 人口抽樣調查資料。第三次全國人口普查的標準時間是 1982 年 7 月 1 日零時；第四次全國人口普查的標準時間是 1989 年 1 月 1 日零時；第五次全國人口普查的標準時間是 1999 年 11 月 1 日零時；第六次全國人口普查的標準時間範圍是 2009 年 11 月 1 日零時。

具體數據來源為：1981 年數據來自國務院人口普查辦公室《第三次全國人口普查手工匯總資料匯編》的第三冊《人口自然變動情況》。1985 年、1995 年、2005 年、2015 年數據分別來自 1985 年、1995 年、2005、2015 年全國 1% 人口抽樣調查。1989 年、2000 年和 2010 年數據來自《中國 1990 年人口普查資料》《中國 2000 年人口普查資料》和《中國 2010 年人口普查資料》。其中，2000 年和 2010 年出生性別比數據來自人口普查「長表」，其餘年份數據來自人口普查「短表」。由於人口普查「長表」是抽樣數據，因此與「短表」數據存在一定差異。若無特別說明，本書分析所使用的數據均來源於如上資料，或是根據上述數據計算整理後的結果。

1953 年第一次人口普查時全國出生性別比為 108.6；1964 年第二次人口普查時全國出生性別比為 106.6；1982 年第三次人口普查前，全國出生性別比雖然個別年份偶有偏高，但總體上處於正常區間內。「三普」數據顯示，1981 年全國出生性別比為 107.6，恰好越過國際公認的出生性別比正常值範圍最高值。第四、五、六次人口普查調查顯示，1989 年、2000 年、2010 年全國出生性別分別為 111.9、116.9、117.9，顯示出中國出生性別比近三十年來始終處於高位。根據顧寶昌和徐毅（1994）、湯兆雲（2014），以及《中國人口統計年鑒》、歷次人口普查數據及人口抽樣調查數據，1950—2017 年全國出生性別比及其時間趨勢，分別如表 3.1、圖 3.1 所示。

表 3.1　1950—2016 年中國全國出生性別比

年份	出生性別比	年份	出生性別比	年份	出生性別比
1950	104.8	1973	106.3	1996	116.2
1951	105.5	1974	106.6	1997	117.0
1952	106.5	1975	106.4	1999	119.4
1953	108.6	1976	107.4	2000	116.9
1954	108.5	1977	106.7	2001	115.7
1955	109.4	1978	105.9	2002	119.9
1956	109.7	1979	105.8	2003	117.5
1957	110.3	1980	107.4	2004	121.2
1958	110.3	1981	107.6	2005	118.6
1959	108.8	1982	108.5	2006	119.6
1960	110.3	1983	107.9	2007	120.2
1961	108.8	1984	108.5	2008	120.6
1962	106.6	1985	111.4	2009	119.5
1963	107.1	1986	112.3	2010	117.9
1964	106.6	1987	110.9	2011	117.8
1965	106.2	1988	110.3	2012	117.7
1966	112.2	1989	111.9	2013	117.6
1967	106.2	1990	111.3	2014	115.9
1968	102.5	1991	118.3	2015	113.5
1969	104.5	1992	115.9	2016	113.4
1970	105.9	1993	115.1	2017	111.9
1971	105.2	1994	118.3		
1972	107.0	1995	115.6		

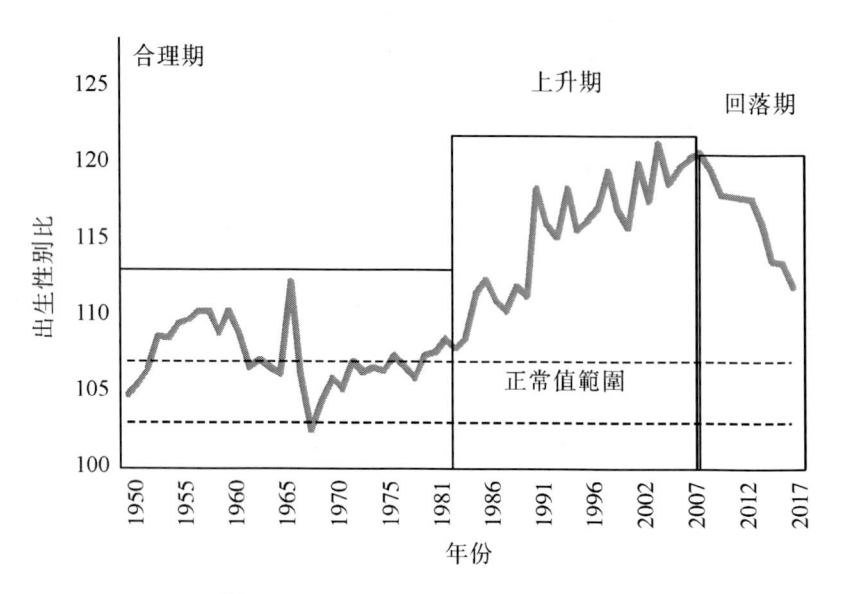

图 3.1　1950—2017 年中國出生性別比

由表 3.1 和圖 3.1 可知，自新中國成立以來，中國出生性別比總體呈現「先升後降」的倒「U」形態勢，時間上大致分為合理期、上升期和回落期三個階段。其中，1950—1980 年為合理期，這一階段除個別年份出生性別比值稍高外，總體上以圍繞正常值範圍上下輕微波動。然而，進入 20 世紀 80 年代以後，伴隨一孩為主導的偏緊生育政策出抬，多孩生育受到限制，出生性別失衡徵兆初露端倪。從 20 世紀 80 年代中期開始，全國出生性別比開始偏離正常水準，並持續攀升，1981 年為 107.6，略高於正常值範圍上限值，1985 年達到 111.4，偏離正常值範圍上限 4.4 個百分點。此後，全國出生性別比始終處在「上升通道」，據 1988 年全國生育節育抽樣調查數據顯示，1982—1987 年全國出生性別比平均值為 109.6。

中國出生性別比升高的異常情況也引起了黨和政府的高度重視，1983 年 7 月 3 日，《人民日報》發表了《一個值得引起重視的大問題》的評論員文章。文章說：「由於重男輕女的封建殘餘思想作怪，在一些地方，尤其是某些農村，不時發生溺殺、遺棄女嬰的犯罪現象，人為地造成男女嬰兒比例失調，這是一個值得引起重視的嚴重問題。為了對國家的後代負責，我們一定要重視男女比例失調的問題。要支持和保護只生一個女孩的夫婦，並要採取措施幫助只生一個女孩的家庭解決實際困難。對於殘害女嬰的違法犯罪行為，一定要依法制裁。」

針對中國出生人口性別失衡問題，從 20 世紀 80 年代中期開始，各級政府

和計劃生育部門採取了多種直接和間接的措施，頒布並實施了一系列的法律法規，試圖遏制出生性別比的上升趨勢。然而在各種措施和政策密集出抬的背景下，中國出生性別比過高並沒有得到有效抑制。楊菊花（2009）認為，產生這一現象的原因是：出生性別比的失衡在時間上與中國實行計劃生育政策同步，雖然生育政策以超前於經濟發展、文化變遷的剛性手段制約著人們的生育水準，社會經濟的發展也促使人們自覺少生，但是傳統生育觀念中男孩偏好的核心內涵卻沒有相應改變，偏緊的生育政策（法規）對生育行為的剛性制約留給人們選擇生育數量的空間極為狹小，不能滿足生育男孩、實現家庭續代及發展的預期。因此，部分家庭會通過技術手段逃避政策限制，造成中國出生性別比持續升高。

特別是1990—2007年，這一時期中國出生性別比步入快速上升階段，持續保持較高態勢。除個別年份稍有回落之外，出生性別比顯著上升，平均值達到了117.6，且有愈演愈烈之勢。1990年「四普」顯示全國出生性別比為111.3，2000年「五普」顯示全國出生性別比為116.9，較1990年增長5.6個百分點，超出正常值近10個百分點，嚴重偏離正常值範圍。2004年全國出生性別比繼續上升到121.2，創歷史高位，隨後五年在120上下輕微波動。出生性別比失衡地區也從局部省域向全國蔓延，達到前所未有的水準，中國成為世界上出生性別比偏高時間最長、偏高程度最嚴重的國家，性別失衡已構成社會發展中的一個重大挑戰（顧寶昌，2011）。

進入2000年後，針對性別失衡問題，社會認知不斷發展變化，政府、社會、民眾和媒體的關注程度逐漸提高。為扭轉出生性別比嚴重失衡的局面，國家嚴厲打擊「兩非」行為、出抬《禁止非醫學需要的胎兒性別鑒定和選擇性別人工終止妊娠的規定》、強化出生實名登記、規範醫療服務、積極構建計劃生育家庭利益導向機制、開展關愛女孩行動和婚育新風進萬家等多項社會綜合治理行動，從行為、制度和意識形態等多方面齊抓共管（石雅茗和劉爽，2015）。

「十二五」時期是中國社會和經濟轉型的重要時期，也是解決出生性別比偏高問題的關鍵時期。《國家人口發展「十二五」規劃》首次將性別比納入其中，並提出「十二五」時期將出生性別比下降至115以下的目標。「十三五」規劃提出，將出生性別比降至112以下，2030年實現出生性別比迴歸正常的戰略目標。隨著綜合治理措施持續實施及計劃生育政策的逐步放開，中國出生性別比偏高的局面得到了有效遏制，2009年迎來出生性別比拐點，告別自20世紀80年代以來持續升高且高位運行的狀態，步入「下行通道」，至2017年

實現全國出生性別比的「八連降」。

步入「十二五」時期，出生性別比延續了「十一五」後半期的下降態勢，但下降速度有所放緩，2011年全國出生性別比仍高達117.8，2012年降至117.7，降幅僅為0.1個百分點，2013年進一步降至117.6左右，降幅也僅有0.1個百分點。「突降」發生在2014年，全國出生性別比由2013年的117.6降至115.9，降幅高達1.7個百分點，約為2011—2013年出生性別比年均降幅的19倍。

產生這一現象的主要受中國偏緊的生育政策開始轉向寬鬆的生育政策的積極促進作用的影響。2011年前後，中國開始農村「單獨兩孩」試點，2013年11月12日，正式實施「單獨兩孩」政策，意味著所有的獨生子女夫婦都可以生育二孩。2015年12月27日，全國人大常委會表決通過了《中華人民共和國人口與計劃生育法修正案》，「全面二孩」政策於2016年1月1日起正式實施。此後，中國出生性別比持續下降，2017年降至111.9，朝著正常水準邁進，這一指標離正常值範圍上限107，僅差4.9個百分點。至此中國出生性別比偏高表現為回落趨勢的基礎基本穩固。

綜上，對於中國出生性別比而言，在新中國成立至20世紀80年代前期這一段較長的時間內，總體上呈現正常水準。但是，自20世紀80年代中期開始，中國出生性別比開始偏高，並呈現出持續升高趨勢，迄今為止出生性別比失衡已長達近40年之久。這種失衡發生在中國社會經濟快速發展、限制性生育政策推行、生育率下降速度快於性別偏好緩解的速度、實際生育水準低這個大的歷史背景之下（楊菊花，等，2009）。總體而言，近40年中國全國的出生性別比在時間上呈現以下特點：①出生性別比在較長的時間內始終處於高位，具有普遍性、廣泛性和累積性；②出生性別比波動較大；③21世紀後期，出生性別比高位運行的趨勢開始回落，距離世界公認的103～107的正常值範圍越來越近，顯示中國對於出生性別比的綜合治理開始逐步見效。可以預見，隨著2015年二孩生育政策的全面實施，出生人口數量適度增加，會進一步促使出生性別比下降。

3.2.2　東中西部出生性別比

中國不同地區生育政策對子女生育數量有不同規定，在生育政策規定一對夫婦只能生一個孩子的地區，由於傳統男孩生育意願的影響，通過性別鑒定來進行出生嬰兒的性別選擇行為可能存在，其行為結果表現為出生性別比偏高。在生育政策允許一對夫婦可以生育1.5個及以上孩子的地區，可以部分滿足他

們對生育子女數量和性別的意願，他們對出生子女性別沒有比前種情況更強烈的要求，出生子女的性別（特別是第一胎）是自然力作用的產物，其行為結果表現為出生嬰兒性別比較前一種情況低。從而，中國出生性別比通過地區差異和孩次差異表現出來（湯兆雲，2014）。中國各普查及人口抽樣調查年份中，東中西部的出生性別比如表 3.2 和圖 3.2 所示。

表 3.2　東中西部出生性別比

年份	東部	中部	西部	東部-西部	中部-東部	中部-西部
1981	108.0	108.0	106.7	1.3	0	1.3
1986	111.8	111.3	108.8	3.0	-0.5	2.5
1989	112.6	111.2	109.8	2.8	-1.4	1.4
1995	119.3	120.0	110.9	8.5	0.7	9.1
2000	120.1	126.1	114.0	6.0	6.0	12.1
2005	118.2	121.5	117.1	1.1	3.3	4.4
2010	122.0	124.9	116.1	5.9	2.9	8.8
2015	112.9	114.1	113.9	-1.0	1.2	0.2
1981—1986	3.8	3.3	2.1			
1986—1989	0.8	-0.1	1.0			
1989—1995	6.7	8.8	1.1			
1995—2000	0.8	6.1	3.1			
2000—2005	-1.9	-4.6	3.1			
2005—2010	3.8	3.4	-1.0			
2010—2015	-9.1	-10.8	-2.2			

備註：東部地區包括北京、天津、河北、遼寧、上海、江蘇、浙江、福建、山東、廣東、海南；中部地區包括山西、吉林、黑龍江、安徽、江西、河南、湖北、湖南；西部地區包括內蒙古、廣西、重慶、四川、貴州、雲南、西藏、陝西、甘肅、青海、寧夏、新疆。

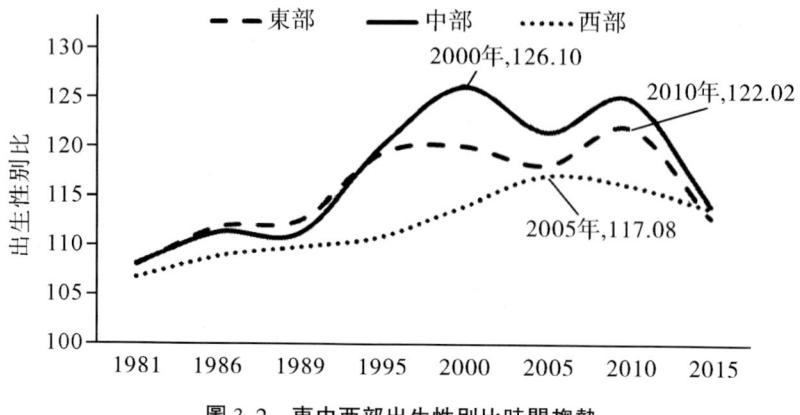

圖 3.2 東中西部出生性別比時間趨勢

由表 3.2 和圖 3.2 可知，中國東中西部地區出生性別比的時間趨勢存在一定的共性與差異，除 1981 年西部地區的出生性別比正常之外，其餘年份三個地區的出生性別比均高於正常值最高水準，表明中國的出生性別比偏高不是某時某地的特殊現象，而是一個持續時間長、全局性的人口結構異常特徵。隨著出生性別比失衡在空間上的逐漸擴散，西部地區的出生性別比於 1986 年起開始偏離正常值範圍，但失衡的嚴重程度不如東部和中部。

隨著時間的推移，中國東中西部地區的出生性別比均逐漸走高，呈現先上升後下降走勢，從中東部地區大於西部地區向東中西部地區均衡發展演進。其中，1980—2000 年的 20 年時間，東中西部地區的出生性別比均處於上升階段，對於東中部地區而言，上升幅度最快的時間段是 1989—1995 年，出生性別比分別增長了 6.7 和 8.8 個百分點，西部地區出生性別比上升最快階段為 1995—2005 年這十年間，共計上升了 6.2 個百分點。東中部地區出生性別比下降階段也較西部地區先出現，首次下降出現在 2000—2005 年，其後 2005—2010 年有所反彈，各自又上升了 3.8 和 3.4 個百分點。

中部地區的出生性別比在 1995 年首次超過東部地區後，一直處於三個地區的最高水準，波動也最為劇烈，變動趨勢與東部相近，表現出先上升後小幅下降，再上升最終顯著下降的特點。除 2015 年外，西部地區的出生性別比在三個地區中大多數時間處於最低水準，波動的幅度也較為平緩，先逐漸上升到 2005 年達到極值，後緩慢下降。

東中西部地區的出生性別比在 2010—2015 年均步入「下行通道」，中部地區下降幅度最大，下降了 10.8 個百分點，東部地區緊隨其後，下降了 9.1 個百分點，西部地區因為出生性別比失衡狀況沒有中部和東部地區嚴重，因此下

降較少，只下降了 2.2 個百分點。截至 2015 年，東中西部地區出生性別比之間的差距變得很小，中部地區高於東部地區 1.2 個百分點，高於西部地區 0.2 個百分點。

3.2.3 分孩次出生性別比

絕大多數學者認為，無論是從一定時空條件下的出生嬰兒總數看，還是從分孩次出生看，男嬰與女嬰的出生概率雖有差異，但各自的出生概率基本上是相對穩定或是略有微小波動的，其出生性別比通常在 103～107 波動（王偉，2016）。在自然狀態下，一個家庭內不同孩次之間嬰兒出生的性別應是相互獨立，第二孩及以上分孩次、分性別次序的母親再育，與再育前母親生過的孩次、性別次序史完全無關（Johansson，1984）。一個國家（地區）不同孩次的出生性別比也應符合這一規律，否則表明該國家（地區）對某一性別的孩子有所偏好，進而影響出生性別比的大小。

但是，根據中國現有的人口統計資料來分析，總體上來說，中國分孩次的出生性別比在 1980 年以前基本上是正常的。20 世紀 70 年代，中國分孩次的出生性別比較為穩定，且在正常的值域之中。一孩、二孩、三孩、四孩、五孩及以上出生性別比分別為 106.8、104.5、105.9、107.3、107.5[①]。但是，1980 年之後，特別是 20 世紀 80 年代中期以後，多孩次出生性別比陡然升高，中國出生性別比有了明顯的孩次特徵，孩次越高，出生性別比一般也越高。中國 1981 年之後歷次人口普查及人口抽樣調查，分孩次出生性別比如表 3.3 和圖 3.3 所示。

表 3.3　1981—2015 年中國分孩次出生性別比

年份	一孩 (1)	二孩 (2)	三孩及以上 (3)	(2) - (1)	(3) - (1)
1981	105.3	107.2	112.6	1.9	5.4
1986	107.7	117.3	123.3	9.6	6
1989	105.2	121.0	126.6	15.8	5.6
1995	106.4	141.1	154.3	34.7	13.2
2000	107.1	151.9	159.4	44.8	7.5
2005	108.4	143.2	152.9	34.8	9.7
2010	113.7	130.3	158.4	16.6	28.1
2015	109.8	113.3	148.5	3.5	35.2

---

① 湯兆雲. 中國出生性別比問題研究 [M]. 成都：電子科技大學出版社，2014：65.

图 3.3 1981—2015 年中國分孩次出生性別比

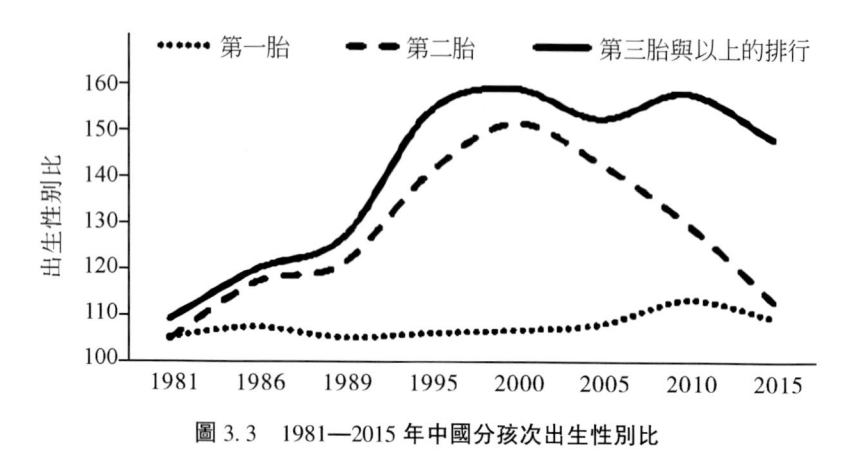

由表 3.3 和圖 3.3 可知，1981 年，一孩、二孩、三孩及以上孩次的出生性別比分別是 105.6、105.2 和 109.4，不同孩次之間的差異並不大。但是自此之後，二孩、三孩及以上孩次的出生性別比逐漸偏離正常水準。自 1982 年之後，孩次越高，出生性別比越高，孩次之間的出生性別比差異也越顯著。1989 年一孩、二孩、三孩及以上孩次的出生性別比分別是 105.4、121.4 和 120.0，一孩出生性別比為正常值範圍，二孩、三孩及以上則失衡較為嚴重；2000 年，一孩、二孩、三孩及以上孩次的出生性別比分別為 107.1、151.9 和 159.4，孩次遞進效應非常明顯，二孩出生性別比突然升高 44.8 個百分點，三孩及以上出生性別比又比二孩高出 7.5 個百分點，達到中國出生性別比失衡的峰值。

生育政策對出生性別比升高的推動作用，在分孩次出生性別比上表現得更為明顯，限制性的生育政策在較短時間內以較快的速度降低了多孩次孩子出生比率，低孩次出生成為新增人口的主體。與此同時，長期出生性別比偏高對人口性失衡的累積作用也開始顯現，2010 年二胎和三胎及以上出生人口性別分別為 130.3 和 158.4，儘管較 2000 年的 151.9 和 159.4 略有下降，但全國一胎出生性別比快速攀升至 113.7，首次顯著高於正常水準，較 2000 年升幅達到 6.61 個點，表明選擇性別生育的人群向初育人群擴大。

從貢獻度角度來看，一胎性別比的快速上升和擴散已經上升為當前中國總體出生性別比持續偏高的主要原因。據 2010 年人口普查可知，全國一孩出生數佔全部出生數的 62.2%，因此，一孩出生性別比的變化對整個出生性別比的變化具有較大的影響。以 2010 年的出生孩子孩次結構推算，即使其他孩次的出生性別比保持不變，一孩出生性別比每升高 1 個單位值，總出生性別比就會提高 0.62 個單位值（石人炳，2013）。與此同時，第三孩及以上孩次的出生性

別比自偏離正常值範圍後，也尚無迴歸正常值的趨勢，且自 1995 年起呈現出一定的穩定態勢，各調查年度間圍繞 155 上下小幅波動，很有可能是普遍二孩後，具有性別偏好人群推後了孩子性別選擇的胎次。

之後，隨著寬鬆計劃生育政策的實行，全國一孩、二孩及多孩的性別比逐漸開始有了較大幅度的回落，2015 年分別降低為 109.8、113.3 和 148.5，與 2010 年相比，一孩出生性別比下降了 4.1 個百分點，二孩出生性別比下降則更為顯著，下降了 17 個百分點，二孩次性別失衡狀況得到明顯改善，三孩及以上出生性別比下降了 10.1 個百分點。由此可見，近些年來中國二孩出生性別比的下降，顯著拉動了出生性別比的整體下降，這也得益於中國生育政策的調整和完善。

馬瀛通（1989，1994）、陳友華（1990）認為分孩次出生性別比升高的一個不可忽視的因素是分孩次、分性別次序的母親再育或控制再育所占比重不同。王廣州和傅崇輝（2009）認為中國出生性別比升高的機制從 20 世紀 80 年代初開始，孩次性別遞進生育性別比脫離自然法則約束，男孩偏好強烈，生育第一孩的性別比也表現出明顯的偏離正常值的人為生育干預特徵。梁海豔和倪超（2018）指出受「一孩半」生育政策影響，出生性別比呈現出隨著孩次的遞增而不斷升高，計劃生育政策進一步加劇了出生性別比的失衡。

綜上所述，中國這種出生性別比隨孩次升高的現象，並不是出生性別比的自然屬性這種持續性的性別失衡，而主要是由高孩次的出生性別比拉動上升的失衡。

3.2.4 城鄉出生性別比

長期以來，在城鄉二元結構條件下，中國城鎮和鄉村的經濟社會環境、發展水準、生活方式、居住格局、生育觀念不一致，導致城市與農村對出生性別的偏好也有明顯差異，最終表現為出生性別比的城鄉差異。Park 和 Cho（1995）研究表明，韓國的出生性別比於 20 世紀 80 年代中期在大城市首先發生失衡，然後在 80 年代後期和 90 年代初期擴散到城鎮和農村；中國則顯著不同，出生性別比失衡首先發生在農村地區，然後逐漸擴散到城鎮。這主要是因為中國農村經濟不夠發達，生產和生活方式多依賴體力勞動，農村居民存在一定的男孩偏好。

城市、鎮和鄉的劃分標準為：城鎮包括城區和鎮區。城區是指在市轄區和不設區的市、區、市政府駐地的實際建設連接到的居民委員會和其他區域。鎮區是指在城區以外的縣人民政府駐地和其他鎮。鄉村是指城鎮以外的區域。中

國歷次城市、鎮和鄉村出生性別比，如表3.4和圖3.4所示。

表3.4 中國城市、鎮、鄉村出生性別比

年份	城市	鎮	鄉村	鄉村-城市
1981	109.6	—	107.6	-2.0
1986	110.5	113.4	113.6	3.1
1989	110.5	114.0	114.5	4.0
1995	111.9	115.6	117.8	5.9
2000	114.2	117.2	121.7	7.5
2005	115.2	118.9	122.9	7.7
2010	118.3	122.8	122.1	3.8
2015	110.4	115.2	114.8	4.4
2015—2010	-7.9	-12.4	-11.7	0.6
2015—1981	0.8	1.8	7.2	6.4

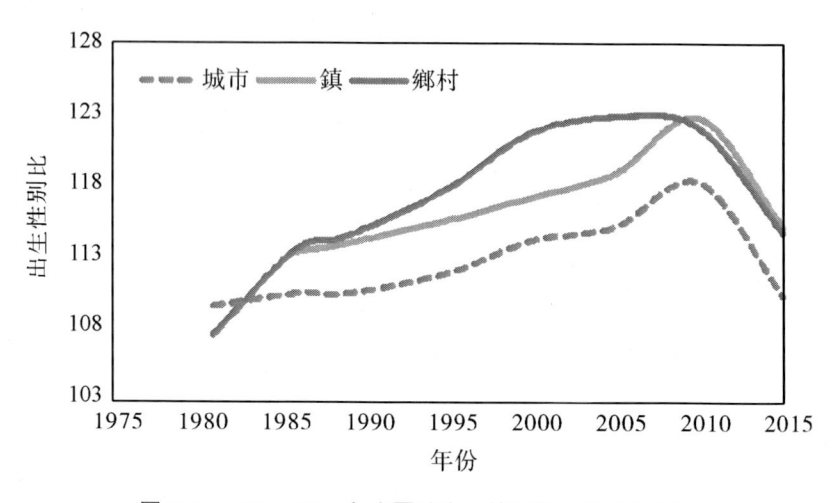

圖3.4 1982—2016年中國城市、鎮和鄉村出生性別比

從表3.4和圖3.4可知，中國的出生性別比從20世紀80年代中期開始全面走高，不僅農村的出生性別比上升，鎮和城市的出生性別比也逐漸偏離正常值範圍。根據李伯華和段紀憲（1986）研究，中國1982年1‰生育率調查數據顯示，1940—1981年的大部分年份裡，農村出生性別比略高於城鎮，但也有1/3的年份裡城鎮出生性別比略高於農村，所以就1982年單獨的一年而言，

很難證明中國農村出生性別比高於城鎮為真實存在的失衡現象。

1982—2016 年，中國城市、鎮和鄉村的出生性別比演變趨勢相似，均呈倒「U」形，其中 20 世紀 80 年代中期到 2010 年間，出生性別比持續上升達到峰值，之後 2010—2015 年起開始大幅回落。其中，鄉村居民的男孩偏好一般強於城鎮，出生性別比失衡現象更加明顯。2000 年，鄉村出生性別比為 121.7，2005 年升高到 122.9，2010 年下降到 122.1，呈現下降趨勢，2015 年下降到 114.8，回落明顯，但是依舊處於中度偏高狀態。鎮是中國介於城市和鄉村的一種社會形態，長期以來，中國鎮域的出生性別比也介於城市和鄉村之間，2000 年為 117.2，2010 年升高 5.6 個百分點，達到 122.8，2015 年則回落為 115.2。

城市出生性別比則低於鎮和鄉村，2000 年城市出生性別比為 114.2。王欽池（2014）研究指出，2000—2010 年，隨著中國城鎮化快速推進，大量流動人口湧入城鎮，據第六次人口普查數據可知，居住在城鎮的人口占總人口的 49.68%，同 2000 年人口普查相比，城鎮人口比重上升 13.5%。流動人口約為 2.6 億，比 2000 年增加 11,700 萬人，增長 81%。相對於城鎮非農村流入人口而言，農村流入城鎮人口更易生育男孩，由此造成出生性別比偏高的現象從農村向城市和鎮域擴散，出生性別比偏高的態勢由以往的農村地區嚴重發展為城鄉都十分嚴重。2010 年城市出生性別比升高到 118.3，比 2000 年升高了 4.2 個百分點，呈現明顯升高態勢，主要原因是城市和鎮出生性別比升高。之後城市出生性別比上升趨勢掉頭直下，2015 年減少到 110.4。

對比看，20 世紀 80 年代中期以後，由於鄉村居民的男孩偏好一般強於城鎮，出生性別比失衡現象更加明顯。特別是 1990 年之後，城鄉出生性別比之間的差距逐漸加大，2005 年城鄉差異達到最大，鄉村出生性別比比城市高 7.7 個百分點。但是，2005 年之後由於城鎮出生性別比的加速上升，城鄉出生性別比的相對關係發生了明顯變化：雖然城市仍然低於鎮，但是鎮的出生性別比超過鄉村 0.7 個百分點，改變了長期以來鄉村出生性別比高於鎮的格局，城市、鎮和鄉村出生性別比差異相對縮小，2015 年城鄉二者差距減少為 4.4 個百分點。

湯兆雲（2006）認為出生性別比的城鄉差異反應了中國生育政策作用效果不同，生育政策對鎮和農村出生性別較城市出生性別比產生的影響更大。梁海豔和倪超（2018）經過個案訪談，認為中國出生性別比城鄉差異明顯的主要原因可以歸結為經濟、文化觀念和生活場域三個方面。第一，經濟方面，男孩和女孩在農村與城市的「經濟效用」不同，農業生產中男性的經濟效用遠

大於女性；城市則不同，男性在城市生活場域中並不一定表現出絕對的體力優勢；同時在城市撫養一個男孩的經濟成本要遠遠高於女性。第二，文化觀念方面，城鄉居民對男孩和女孩的偏好不一樣，農村人們對男孩的偏好更加嚴重。第三，生活場域方面，農村居民生活在熟人空間中，而城市居民大多生活在陌生人口空間中，導致農村地區由於「面子效應」對男孩具有更強的性別偏好。

另外，在城市、鎮和鄉村不同地域中，不同孩次的出生性別比也存在較大差異。中國歷次人口普查和人口抽樣調查年份，城市、鎮和鄉村分孩次的出生性別比，如表3.5和圖3.5所示。

表3.5 中國城市、鎮、鄉村分孩次的出生性別比

地域	年份	1981	1986	1989	2000	2005	2010	2015
城市	一孩	108.5	107.3	105.6	108.9	109.7	113.4	105.8
	二孩	114.6	117.4	121.3	147.6	138.1	132.9	115.1
	三孩及以上	140.0	123.3	131.4	169.1	139.7	175.4	168.4
	三孩與一孩之差	31.5	16.0	25.8	60.2	30.0	62.0	62.6
鎮	一孩	—	107.2	108.0	110.4	111.4	114.5	114.0
	二孩	—	119.9	125.5	154.6	136.7	132.9	111.8
	三孩及以上	—	125.0	129.6	180.4	168.6	169.0	150.5
	三孩與一孩之差	—	17.8	21.6	70.0	57.2	54.5	36.5
鄉村	一孩	104.6	107.9	104.8	105.7	106.7	113.6	111.0
	二孩	106.9	116.6	120.7	152.1	145.8	129.0	113.1
	三孩及以上	112.5	122.9	126.2	157	152.5	154.2	143.9
	三孩與一孩之差	7.9	15.0	21.4	51.3	45.8	40.6	32.9

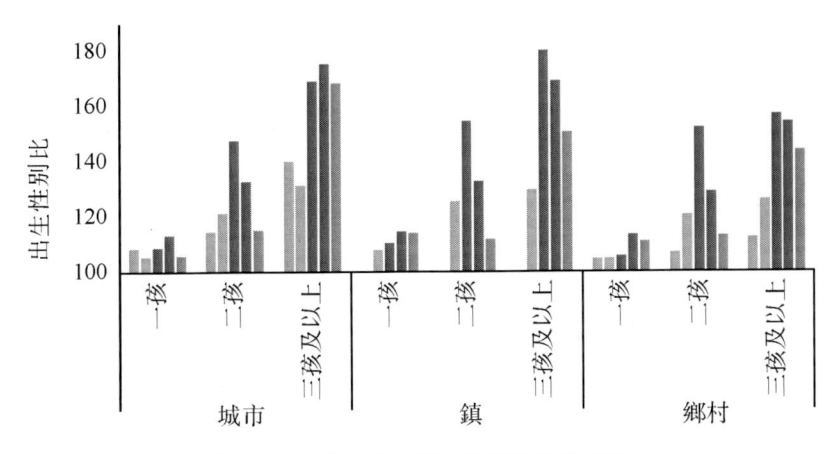

图 3.5 中國城市、鎮、鄉村出生性別比

由表 3.5 和圖 3.5 可知，中國的城市、鎮和鄉村的出生性別比總體特徵是隨著孩次的升高，性別比遞增，在城市、鎮和鄉村內部孩次之間的差異也不例外。城市中，一孩和二孩的出生性別比呈現從攀升到回落的倒「U」形走勢，三孩及以上則呈現波動走勢，1986 年有所回落，2000 年大幅攀升，2010 年達到 175.5 的最大值，其後 2015 年稍有回落。在鎮域層面，一孩、二孩、三孩及以上的出生性別比均呈倒「U」形走勢，三孩及以上與一孩之間的出生性別比之差在 2000 年達到 70 個百分點，其中三孩及以上的出生性別比達到了歷史最高點的 180.4。鄉村層面，一孩、二孩、三孩及以上的出生性別比與鎮域類似，但是三孩及以上與一孩之間的出生性別比之差小於鎮域和城市。

3.2.5 女性不同生育年齡的出生性別比

中國出生性別比不僅普遍偏高，而且隨著女性生育年齡變化，出生性別比也不盡相同。中國歷次人口普查及人口抽樣調查年份，女性不同生育年齡的出生比如表 3.6 所示。

表 3.6 歷次人口普及等人口抽樣調查年份女性不同生育年齡的出生性別比

年份	30 歲以下	30~40 歲	40 歲以上
1986	101.2	103.7	106.3
1989	104.3	105.9	107.5
1995	105.7	106.9	109.6
2000	116.3	136.8	114.9

表3.6(續)

年份	30歲以下	30~40歲	40歲以上
2005	118.1	124.7	135.8
2010	119.0	129.2	146.2

由表3.6可知，隨著女性生育年齡的增加，出生性別比呈逐漸上升趨勢，1985年至1995年，各年齡層出生性別比均維持在正常值範圍內。2000年以來，各年齡層出生性別比都超出了正常值範圍，女性生育年齡在30歲以下的出生性別比較其他年齡層低；隨著生育年齡增長，出生性別比也隨之上升。女性生育年齡在30歲以上的出生性別比均嚴重失衡，2010年40歲以上的女性生育性別比達到最高值146.2。這種現象出現的原因是40歲以上女性一般生育二胎，且為高齡產婦，後續通過增加子女數量達到生育男孩的目的概率很小，對於性別的偏好就會更加強烈，因此在生育時一般會選擇使用相應的生育輔助技術手段達到生育男孩的目的。

3.2.6 女性不同受教育程度的出生性別比

出生性別比還與女性受教育程度有著密切的關係。在一般情況下，出生性別比會隨著女性受教育程度的提高而下降，這主要是由於女性隨著受教育年限的不斷增加，包括生育觀念在內的價值觀等發生轉變，更能現實地考慮經濟情況和撫養成本，對國家政策也比較理解與願意配合，因此生育性別選擇傾向較弱。自新中國成立以來，中國在婦女解放和促進性別平等方面取得了長足進步。2015年全國1%人口抽樣調查數據顯示，1949年及以前出生人口中，女性平均受教育年限為4.29年，「80後」女性平均受教育年限提高至10.92年，僅比男性少0.17年；到「90後」一代，女性平均受教育年限提升至12.18年（侯佳偉，等，2018）。表3.7為中國歷次人口普查及人口抽樣調查年份，女性不同受教育程度的出生性別比。

表3.7 歷次人口普查及人口抽樣調查身分女性不同受教育程度的出生性別比

年份	高中及以下	大專及本科	碩士研究生及以上
1986	119.5	107.5	105.3
1989	118.6	109.4	106.2
1995	120.5	113.1	107.6
2000	120.5	109.3	106.9

表3.7(續)

年份	高中及以下	大專及本科	碩士研究生及以上
2005	121.1	115.1	105.8
2010	124.3	112.7	106.5

由表3.7可知，女性受教育程度越低，子女的出生性別比越高，隨著學歷的升高對於男孩的偏好逐漸降低，出生性別比也趨於正常。其中，高中及以下學歷的母親的出生性別比均在118以上，而且隨時間演變逐漸攀升，嚴重影響了中國出生性別比的穩定。大專及本科學歷的女性生育時的性別偏好較高中及以下的女性低，因此其出生性別比基本維持115以下。碩士研究生及以上學歷的女性，人格、經濟獨立，家庭及社會地位也較高，因此在進行生育決策時具有充分的自主權利，更易擺脫傳統生育觀念的束縛，所享受到的國家的福利待遇也在增加，因此性別歧視及偏好很弱，其出生性別比基本上保持在正常值域範圍內。

總體上，中國人口性別失衡的演變進程是隨著中國人口轉型的變化而變動的（李樹茁和果臻，2016）。20世紀90年代初，當中國生育率下降至低生育水準後，出生性別比偏高現象顯現，出生人口性別結構失衡成為影響當前總人口性別結構失衡的主要原因。在演變的模式上，中國存在一種以出生性別結構變動為特徵的人口轉變模式，出生性別比轉變存在「上升→徘徊→下降」的三階段特徵（李樹茁，等，2011）。中國出生性別比轉變在經歷約18年的上升期和約10年的徘徊期後，穩定地進入下降期。此外，由於中國生育空間的區域差異，不同區域出生性別比轉變具有不同的特點，出生性別比偏高發生的階段、位置，以及性別比偏高的高度和持續的時間都存在差異（李樹茁，等，2014）。

3.3 中國省域出生性別比的空間特徵

3.3.1 中國省域出生性別比的空間差異

中國出生性別比高不僅僅是總體水準上出生男孩過多的問題，而且也體現在不同地域間。由於經濟、社會發展程度不同，文化環境存在差異，出生性別比也存在顯著的空間差異（王菲和劉爽，2011）。中國1930—1981年歷次人口

普查及人口抽樣調查年份各省域的出生性別比數據，如表 3.8 所示。

表 3.8　中國各省域歷次人口普查及人口抽樣調查年份出生性別比

省域	1930—1980	1981	1985	1989	1995	2000	2005	2010	2015
北京	102.7	106.7	107.9	107.3	110.6	114.6	117.8	112.2	110.2
天津	107.6	105.9	107.4	110.1	111.9	113	119.8	114.6	109.2
河北	106.0	107.2	108.7	111.7	118.2	118.5	119.4	118.7	113.8
山西	110.5	108.6	109.7	109.4	110.3	112.8	116.7	113.1	109.8
內蒙古	106.7	106.2	106.4	108.5	109.3	108.5	117.1	108.9	108.5
遼寧	107.9	106.4	107.9	110.1	108.9	112.2	109.5	112.9	111.4
吉林	107.0	107.4	107.4	108.5	110.7	109.9	109.3	115.7	113
黑龍江	108.1	105.6	106.4	107.5	108.5	107.5	110.7	115.1	111.8
上海	104.6	106.7	105.2	104.6	109.7	115.5	120.1	111.5	109.9
江蘇	107.7	107.7	107.4	114.4	116.3	120.2	126.5	121.4	114.6
浙江	110.5	107.7	108.5	117.1	116.2	113.1	113.4	118.4	105.9
安徽	110.3	111.3	113.5	111.1	119.5	130.8	132.2	131.1	109.1
福建	108.4	106.0	109.5	109.5	111.5	120.3	125.9	125.7	112.6
江西	107.2	106.9	107.8	110.5	117.6	138.0	137.3	128.3	116.1
山東	107.9	109.2	109.9	114.5	116.9	113.5	113.4	124.3	109.2
河南	109.2	109.9	110.8	115.6	122.7	130.3	125.8	127.6	116.1
湖北	108.8	106.7	107.6	109.4	115.3	128	128	123.9	109.8
湖南	108.7	106.4	107.6	110.2	116.2	126.9	127.8	125.8	122.3
廣東	109.7	110.4	115.7	111.6	114.5	137.8	119.9	129.5	119.5
廣西	110.7	110.7	110.9	116.3	125	115.8	111.2	113.8	112.7
海南	—	—	—	114.9	125.9	135	122	129.4	114.4
重慶	—	—	—	—	—	115.8	111.2	113.8	112.7
四川	109.4	107.2	109.4	112.5	117.1	116.4	116.3	113	113.6
貴州	107.5	105.5	107.8	102.7	113.4	105.4	127.7	126.2	107.7
雲南	105.1	104.1	107.9	107.6	114.7	110.6	113.2	113.6	113.4
西藏	—	99.4	103.5	100.2	100	97.4	105.2	100	127.2
陝西	110.4	109.1	106.4	110.7	109.4	125.2	132.1	116.1	115.8
甘肅	105.8	105.5	102.3	109.6	97.9	119.2	116.2	124.8	117.7
青海	100.1	102.3	109.4	104.1	112.6	103.5	116.9	112.7	109.9
寧夏	105.3	105.2	106.5	106.8	115.1	108	111.1	114.4	115.3
新疆	109.9	103.9	106.8	104.6	104.7	106.7	109.4	105.6	110.3

註：以上數據來自歷次人口普查數據長表數據和人口抽樣調查數據。

本節採用描述性統計分析方法對中國出生性別比的空間差異性進行分析。

首先，出生性別比的描述性統計和箱線圖，如表 3.9 和圖 3.6 所示。

表 3.9　中國歷次人口普查各省域出生性別比描述性統計

年份	最大值	最小值	極差	中位數	平均值	標準差
1930—1980	110.7	100.1	10.6	107.9	107.6	2.50
1981	111.3	99.4	11.9	106.7	107.0	2.46
1985	115.7	102.3	13.4	107.9	108.3	2.51
1989	117.1	102.7	14.4	109.9	109.9	3.63
1995	125.0	97.9	27.1	114.0	113.4	5.43
2000	138.0	103.5	34.5	115.1	117.2	9.44
2005	137.3	109.3	28.0	117.5	119.5	7.83
2010	131.3	105.6	25.7	115.9	118.5	6.96
2015	122.3	105.9	16.4	112.2	112.5	3.76
趨勢	～	～	～	～	～	～

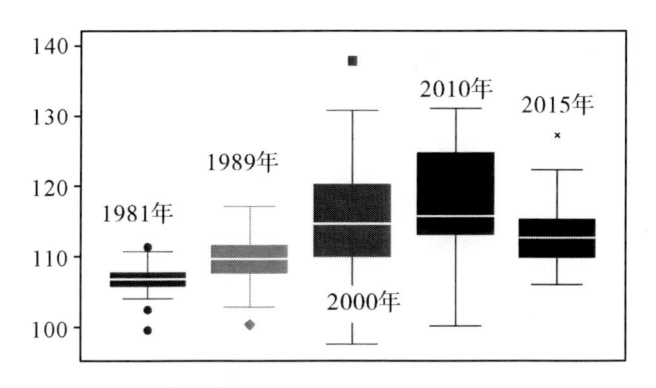

圖 3.6　中國歷次人口普查各省域出生性別比的箱線圖

中國幅員遼闊，是世界上領土面積排名第三的國家，各省域在地理環境、文化習俗、經濟發展之間都存在較大差異，不同地域間的出生性別比也展現出了顯著的分異特徵。由表 3.9 和圖 3.6 可知，中國各省域出生性別比的描述性統計指標多呈倒「U」形演變趨勢。其中，標準差是描述數據變異大小的參數，標準差越大表明數據變異越大；反之則越小。1982 年、1990 年、2000 年、2010 年和 2015 年中國出生性別比的標準差分別為 2.46、9.44、9.27、6.96 和 3.76。1982 年、1990 年、2000 年、2010 年和 2015 年中國出生性別比的極差分別為 11.9、

14.4、34.5、25.7 和 16.4。1981—2010 年的 30 年間，中國各省域的出生性別比整體趨高，中位數從 106.7 上升到 115.9，2015 年則回落為 112.2。各省域的出生性別比的極差呈倒「U」形走勢，2000 年達到峰值 34.5，之後逐漸減少。以上分析表明中國各省域的出生性別比隨著時間演變，經歷了地區差異從增大到減少的轉變，拐點出現在 2000 年，其後地區差異逐漸減少。

3.3.2 中國省域出生性別比的空間分佈及結構

本節採用探索性空間數據分析方法，考察中國出生人口性別比的空間分佈特徵，判斷出生性別比是否在中國省域之間存在空間集聚和空間差異，進而揭示各省域之間出生性別比的空間自相關作用機制。探索性空間數據分析方法的技術主要採用空間分位圖和空間自相關檢驗，空間自相關檢驗又分為全局空間自相關和局部空間自相關檢驗（劉華，等，2014）。

1. 中國各省域出生性別比空間分佈

首先，根據歷次人口普查數據，使用 Arcgis10.4 軟件，根據出生性別比失衡程度進行分級，繪製主要年份全國 31 省域出生性別比的空間分佈圖和各省域出生性別比排序圖，如圖 3.7 和圖 3.8 所示，對中國各省域出生性別比的空間分佈特徵直觀地進行觀察。

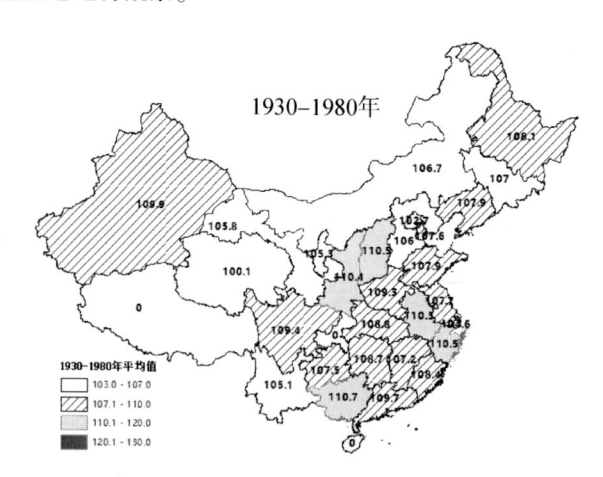

圖 3.7 1930—1980 年各省域出生性別比平均值空間分位圖
圖片來源：國家地球系統科學數據中心。

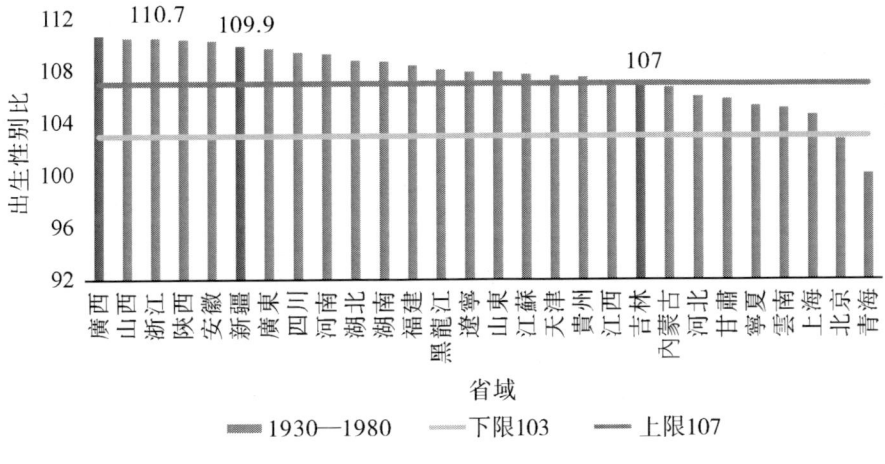

図3.8 1930—1980年各省域出生性別比平均值排序圖

由圖3.7和圖3.8可知，1930—1980年中國多數省域出生性別比在正常值範圍或在輕微失衡的範圍內，其中廣西、山西、浙江、陝西、安徽、新疆等省的出生性別比在110左右，其餘省域均在正常值範圍內。出生性別比最大的省域是廣西110.7，最小的是青海100.1，二者之間的差距為10.6個百分點，中位數為107.9，平均值為107.6，標準差為2.5，各省域出生性別比的空間集聚性和空間差異性並不明顯。

1981年全國31省域出生性別比的空間分佈圖和各省出生性別比排序圖，如圖3.9和圖3.10所示。

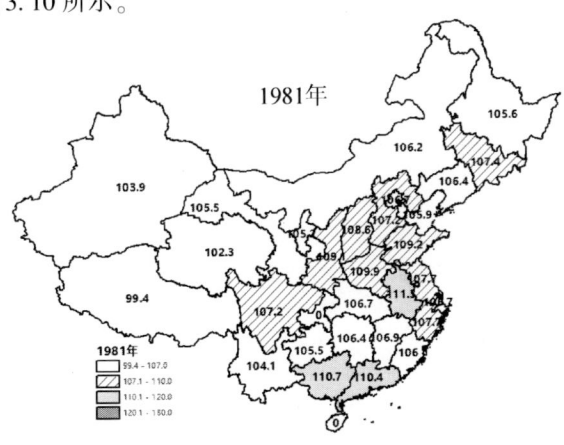

圖3.9 1981年各省域出生性別比空間分位圖

圖片來源：國家地球系統科學數據中心。

3 中國省域出生性別比的時空分異特徵 | 67

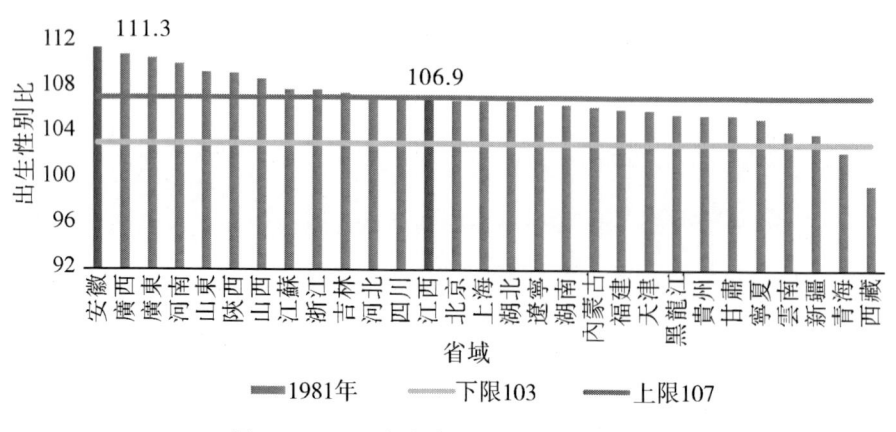

圖 3.10　1981 年各省域出生性別比排序圖

由圖 3.9 和圖 3.10 可知，1981 年中國各省域出生性別比中，東部和中部省域的出生性別比整體高於西部地區，但失衡的情況並不顯著，僅表現在山東、山西、陝西、河南、安徽及兩廣等個別省域。空間集聚性和空間差異性比較顯著，表現為以河南為中心的高值集聚區，以青海為中心的低值集聚區，而本身出生性別比較低的湖南和湖北則被較高值省域所包圍，呈現出「低—高」聚集的特點。

全國 29 個省域（沒有海南和重慶的數據）的出生性別比均在 112 以下，超過 107 的有 11 個省域，占全國所有省域的 37.9%，超過 110 出生性別比最高的三個省分別是安徽 111.3、廣西 110.7 和廣東 110.4，最低的是西藏 99.4。安徽與西藏之間的差距是 11.9 個百分點，中位數為 106.7，平均值為 107.0，仍在正常值範圍之內，標準差為 2.46，各省域出生性別比之間的絕對差距較 1930—1980 年的出生性別比略有擴大，但是並不顯著。

1989 年全國 31 省域出生性別比的空間分佈圖、各省域出生性別比排序圖，以及 1981—1989 年各省域出生性別差值排序圖，如圖 3.11、圖 3.12 和圖 3.13 所示。

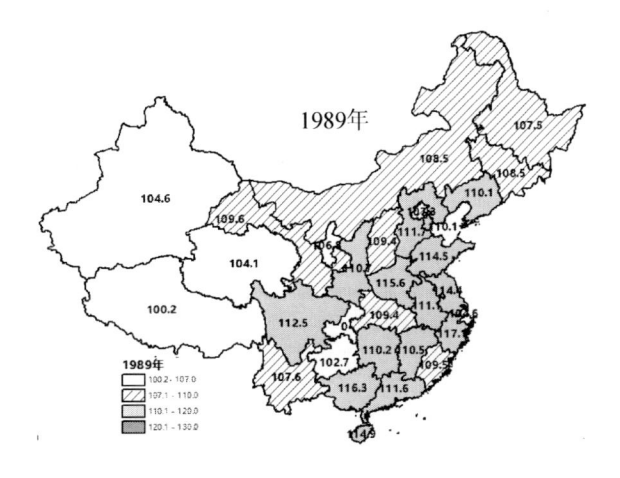

圖 3.11　1989 年各省域出生性別比空間分位圖
圖片來源：國家地球系統科學數據中心。

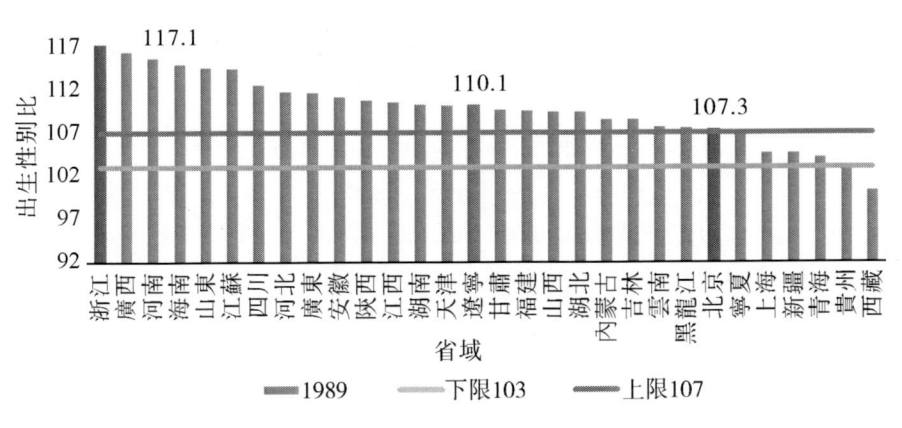

圖 3.12　1989 年各省域出生性別比排序圖

3　中國省域出生性別比的時空分異特徵 | 69

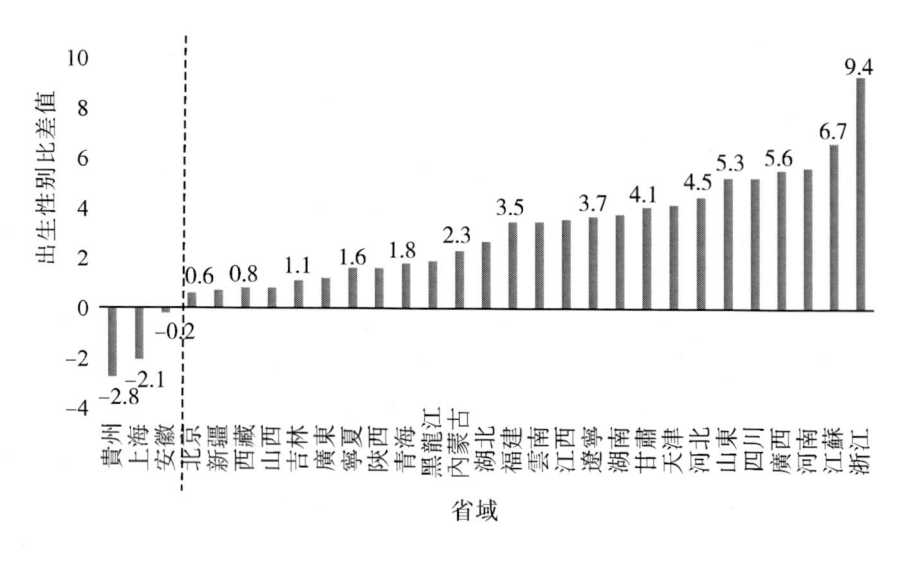

圖 3.13　1981—1989 年各省域出生性別差值排序圖

　　由圖 3.11~圖 3.13 可知，1989 年出生性別比失衡情況開始顯著，高於國際公認正常值範圍（103~107）的情況逐漸擴散，出生性別比偏高的地區多分佈在東南沿海地區，如北京、天津、山東、江蘇、浙江等，出生性別比較低的地區為東北和西北地區，這些地區計劃生育政策相對寬鬆，執行力度也較弱。出生性別比超過 107 的省域由 1981 年的 12 個增加為 24 個，占所有省域的 77.4%，超過 110 的省域共有 15 個，這一數字是 1981 年的 4 倍多。

　　其中，出生性別比最高的是浙江省，達到了 117.1，8 年間增長了 9.4 個百分點居首位，比 1981 年最高值的安徽省高出 5.8 個百分點；增長第二的是江蘇省，從 1981 年的 107.7 上升到了 114.4，增長了 6.7 個百分點。29 個省域中，有 26 個省域為增長，只有貴州、上海和安徽的出生性別比分別減少了 2.8、2.1 和 0.2 個百分點。最低值是西藏 104.6，比 1981 年最低的西藏高 0.8 個百分點。空間聚集方面，除去西部的青海、新疆、西藏、雲南、貴州表現為低值集聚外，其餘地區均表現出顯著的高值集聚特點。與 1981 年相比，出生性別比失衡不再是部分地區出現的問題，而是向全國蔓延的全局性失衡問題。

　　1989 年，各省域的出生性別比的絕對差距極差達到了 14.4，較 1981 年擴大 2.5 個百分點，中位數為 109.9，平均值為 109.9，均超出出生性別比正常值域上限 2.9 個百分點，標準差也擴大為 3.63，表明省域之間的出生性別比差異有所擴大。2000 年全國 31 省域出生性別比的空間分佈圖、各省域出生性別比排序圖，以及 1989—2000 年各省域出生性別差值排序圖，如圖 3.14、圖

3.15 和圖 3.16 所示。

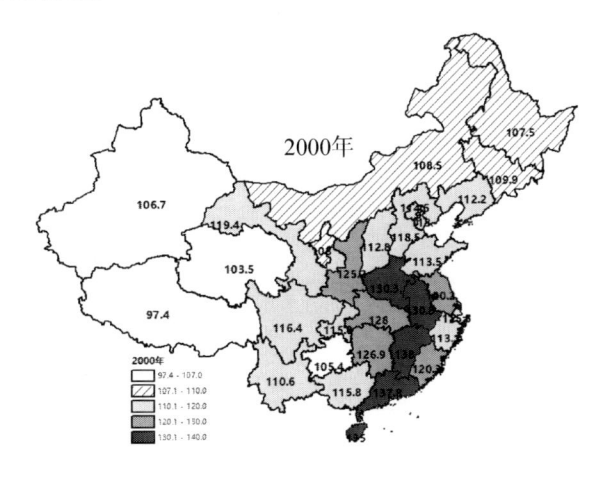

圖 3.14　2000 年各省域出生性別比空間分位圖
圖片來源：國家地球系統科學數據中心。

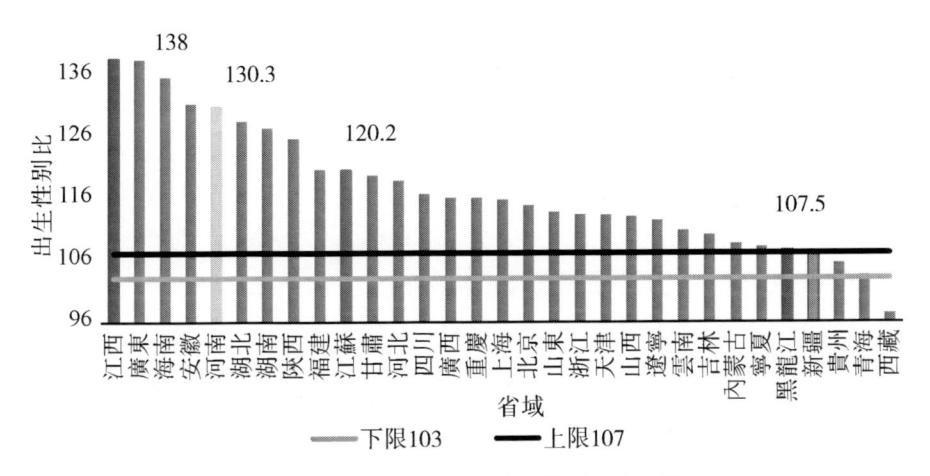

圖 3.15　2000 年各省域出生性別比排序圖

3　中國省域出生性別比的時空分異特徵

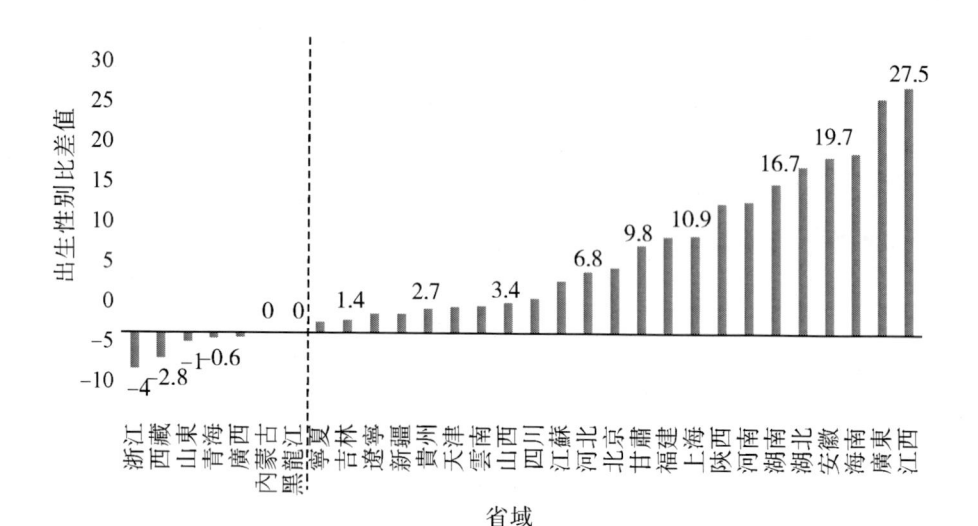

图 3.16　1989—2000 年各省省域出生性别差值排序图

由图 3.14~图 3.16 可知，2000 年出生性别比空间分佈總體特徵為：失衡的省域在地域上進一步擴散，出生性別比偏高的地區由東部和中部地區逐漸向中西部地區蔓延擴散；各省出生性別比失衡程度進一步加劇，重度失衡省域增多，中度失衡區域從東中部向內陸延伸。全國各省域出生性別比處於國際公認正常值範圍區間的僅有青海、新疆、西藏、貴州四省域，其餘省域均處於失衡狀態，出生性別失衡省域達到了 27 個，比例高達 87.1%。

2000 年，中國 31 個內陸省域不僅失衡的範圍進一步擴大，失衡的嚴重程度也在不斷加劇。在 27 個出生性別比失衡的省域中，有 10 個省域的出生性別比高於 120，這些區域既有沿海發達省區，如江蘇、福建和廣東等，也包括中部地區和西部落後地區，如安徽、河南、湖北、湖南和西部的陕西等地，其中江西、廣東、海南、安徽、河南 5 省的出生性別比更是高達 130 以上，屬於極為嚴重的性別失衡。剩下的地區出生嬰兒性別比雖然也高出正常值範圍，但幅度較小，這些地區主要是西北、西南一些經濟相對不太發達的省、區以及 4 個文化經濟發達的直轄市。

比較而言，1989 年全國尚未出現任何一省域的出生性別比高於 120 的情況，僅僅過了 11 年，就有 32.3% 的省域出生性別攀升到了 120 以上。其中，出生性別比增長較快的省域為江西、廣東、海南、安徽、湖北、湖南、河南、陕西，分別增長了 27.5、26.2、20.1、19.7、18.6、16.7、14.7 和 14.5 個百分點。全國出生性別失衡最為嚴重的地區集中在河南、安徽、湖北、湖南和江

西5個中部省域及廣東、廣西、陝西，這8個省域的出生性別比均高於125，呈現出突出的高值集聚特徵。此外，雖然所有出生性別比處於正常值範圍的省域都集中在西部，但西部各省域的出生性別比也有了明顯的升高，7個西部省域的出生性別比高於107，占到了西部省域的58.3%。由此說明，1989—2000年，中國出生性別比的失衡情況進一步惡化，而且省域出生性別比之間的差異也愈發顯著，2000年，出生性別比的極差達到了34.5個百分點，不僅絕對差異顯著增大，表徵相對差異的標準差也達到了9.44。

從2000年開始，人口普查的數據更為豐富，2000年各省域分區域和分孩次的出生性別比如表3.10所示。

表3.10 2000年各省域不同區域、不同孩次出生性別比

省域	分區域			分孩次		
	城市	鎮	鄉村	一孩	二孩	三孩及以上
北京	116.8	109.1	110.9	112.5	130.3	159.4
天津	108.7	104.9	123.8	106.3	137.7	131.8
河北	113.3	116.5	119.8	104.4	147.3	148.4
山西	109.6	114.6	113.3	104.7	121.1	187.6
內蒙古	105.0	103.1	111.8	104.1	128.0	148.3
遼寧	107.7	112.2	115.3	106.4	136.3	133.6
吉林	110.7	112.7	108.6	107.1	122.5	172.7
黑龍江	108.7	110.0	106.0	106.0	115.2	164.5
上海	112.7	124.5	123.5	111.4	152.8	168.1
江蘇	113.0	121.7	123.2	112.2	196.9	212.5
浙江	112.7	112.9	113.4	107.3	132.4	278.0
安徽	112.9	125.9	134.8	109.9	205.5	177.7
福建	113.5	116.9	123.7	108.9	157.7	250.9
江西	126.4	133.7	140.8	115.5	203.6	215.9
山東	110.8	116.1	114.0	106.3	132.8	207.4
河南	116.7	133.7	132.3	104.4	194.0	163.4
湖北	122.3	124.5	131.8	110.5	206.0	219.7
湖南	113.0	119.6	131.3	108.7	173.8	195.5

表3.10(續)

省域	分區域 城市	分區域 鎮	分區域 鄉村	分孩次 一孩	分孩次 二孩	分孩次 三孩及以上
廣東	128.1	143.0	143.7	117.3	179.7	169.9
廣西	122.7	137.0	128.3	109.8	160.6	185.1
海南	138.6	144.5	131.5	111.6	166.9	187.5
重慶	103.9	111.0	120.6	107.6	134.5	189.5
四川	111.2	108.6	118.8	109.5	133.7	189.9
貴州	106.7	114.4	104.1	88.2	122.5	141.8
雲南	104.8	107.5	111.6	102.9	117.6	137.4
西藏	89.1	84.4	99.4	93.4	100.4	130.2
陝西	114.9	118.4	129.3	105.9	184.8	99.3
甘肅	111.3	116.6	121.2	101.1	157.7	223.1
青海	98.1	108.8	103.9	95.8	118.3	168.7
寧夏	102.9	98.4	110.4	103.2	119.4	109.0
新疆	105.9	108.0	106.7	105.4	104.5	107.1

由表3.10可知，對於2000年中國各省域出生性別比而言，除個別省域，如北京、天津、內蒙古、四川、西藏、寧夏之外，一般而言，鄉村出生性別比高於鎮出生性別比，鎮出生性別比高於城市出生性別。除重慶、貴州、雲南、西藏、青海、寧夏和新疆之外，其他省域的城市出生性別比都高於正常值，特別是海南、廣東、江西、廣西、湖北城市出生性別比失衡問題較嚴重，為重度失衡，海南達到了138.6，為極度失衡。山西、天津、黑龍江和遼寧出生性別比偏離程度較小，均在110以下，為輕度失衡。對於鎮而言，海南、廣東、廣西、江西和河南的出生性別比均在130以上，為極度失衡，海南甚至達到了144.5，高於116.6的省域有13個。輕度失衡的省域為北京、青海、四川、新疆和雲南；在正常值範圍內的省域為天津和內蒙古，寧夏和西藏鎮域的出生性別比則超出了正常值域的下降，分別為98.4和84.4。對於鄉村而言，廣東和江西兩省的出生性別比則非常高，分別達到了143.7和140.8，安徽、河南、湖北、海南、湖南的則處於130~140，出生性別比極度失衡的省域顯著較城市和鎮域層面多，陝西、廣西、天津、福建、上海、江蘇、甘肅和重慶則處於重度失衡區間，吉林為輕度失衡，新疆、黑龍江、貴州和青海則為正常值範圍，

除此之外，還有 10 個省域為重度失衡。

2000 年，除個別省域，如陝西是二孩出生性別比顯著高於一孩和三孩，三孩性別比較低，以及個別省域，如河南、安徽、寧夏、廣東、天津、遼寧二孩出生性別比高於三孩之外，對於各省域分孩次的出生性別比而言，與前面全國分孩次整體特徵一致。大多數省域呈現出隨著孩次增加，出生性別比激增的趨勢，三孩及以上的出生性別比顯著大於二孩出生性別比，二孩出生性別比顯著大於一孩出生性別比。其中，對於一孩出生性別比而言，最高的省域是廣東，達到了 117.3，為中度失衡的省域為湖北、上海、海南、江蘇、北京和江西等，輕度失衡的省域有 8 個，其餘 16 個省域均在正常值範圍或低於正常值域下限。對於二孩出生性別比，各省域則陡升，出生性別比平均值達到了 148.2，其中最高的省域是湖北，達到了 206.0，其次是安徽、江西、江蘇和河南等省域，分別達到了 205.5、203.6、196.9 和 194，極度失衡的省域為 21 個，重度失衡的省域有 4 個，只有新疆處於正常值範圍之內。對於三孩及以上出生性別比而言，出生性別比失衡情況更為嚴重，浙江和福建甚至達到了 278 和 250.9，緊隨其後的甘肅、湖北、江西、江蘇和山東等省也都在 200 以上。除過新疆和西藏之外，全國 31 個省域中有 28 個省域均為重度失衡。

2010 年全國 31 省域出生性別比的空間分佈圖、各省域出生性別比排序圖，以及 2010—2000 年各省域出生性別差值排序圖，如圖 3.17、圖 3.18 和圖 3.19 所示。

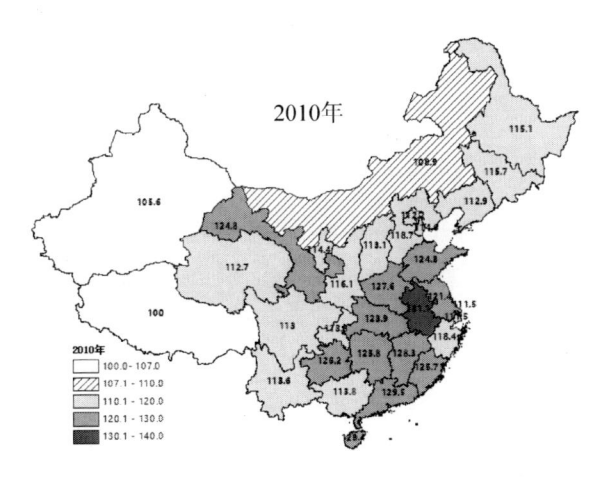

圖 3.17　2010 年各省域出生性別比空間分位圖
圖片來源：國家地球系統科學數據中心。

3　中國省域出生性別比的時空分異特徵

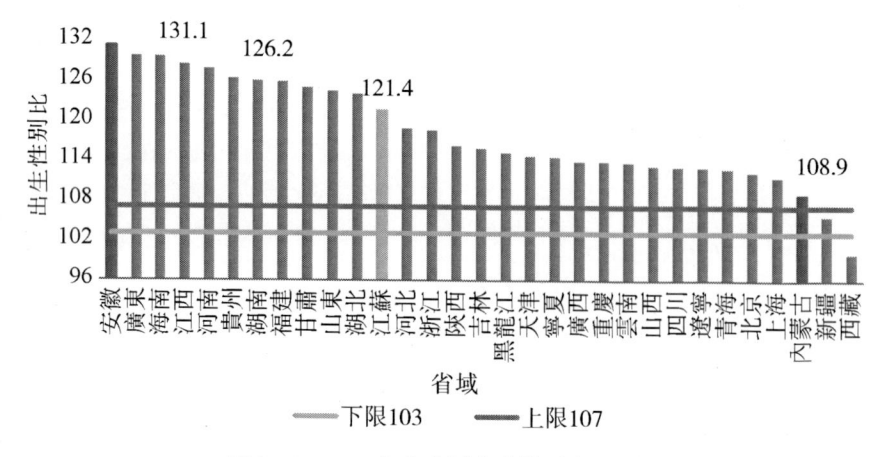

圖 3.18 2010年各省域出生性別比排序圖

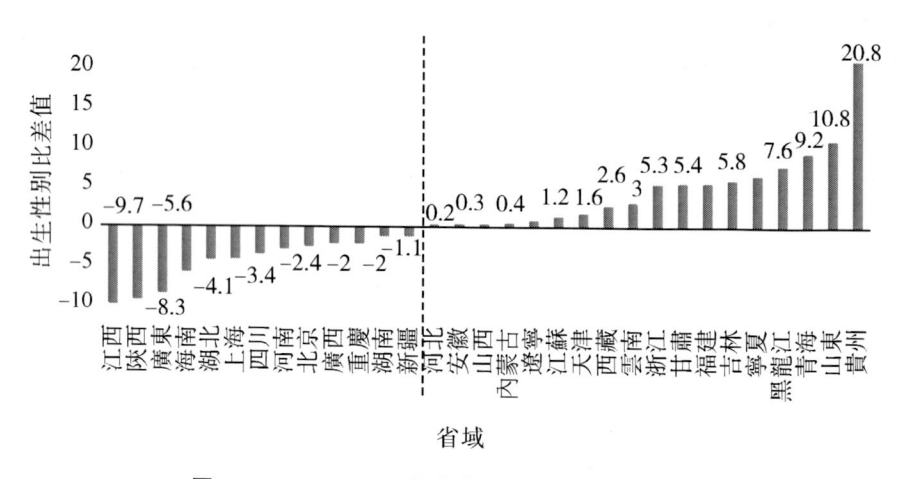

圖 3.19 2010—2000年各省域出生性別差值排序圖

由圖 3.17～圖 3.19 可知，2010 年中國仍然是除了新疆和西藏外，其他所有省域的出生性別比都高於正常值範圍。全國絕大多數的省域出生性別比失衡，超過 95%的出生人口生在出生性別比失衡的地區，特別是中部省域性別比偏高，且有繼續升高的趨勢。出生性別比嚴重偏高和極端嚴重偏高的省域增多。2010 年出生性別比最高的是安徽省的 131.1，也是全國唯一一個出生性別比高於 130 的省域，屬於極度失衡，該省的人口占全國人口的 4.46%。高於 120 低於 130 省域有 11 個，占所有省域的 35.5%，出生人口占全國總人口的 51.9%。出生性別比在 115～120 的省域有 5 個，占全國總人口的 17.2%，出生性別比在 110～115，屬於中低度偏高的省域有 10 個，占全國總人口的 22.67%，屬於中度失衡。出生性別比在 107～110 的省域只有內蒙古，該自治

區人口總數占全國人口數的 1.9%。

在空間分佈上，2010 年的出生性別比也表現出了非常明顯的空間集聚特點，總體上呈「片狀分佈」特徵。出生性別比高的省域，其周圍的省域也高；反之，出生性別比較低的省域，其周圍的省域也比較低，「高—高、低—低」的同質性集聚特徵較為明顯。中國依舊是東部和中部地區的出生性別比大大高於西部和東北地區，東部和中部表現出突出「高—高」集聚的正向集聚特徵。出生性別比的集聚分佈特徵可能與生育觀念、生育文化的傳播有關。雖然「重男輕女」的性別歧視文化在中國各個地方都存在，但是不同地方的程度有所不同。一個區域的文化可以通過人口遷移流動直接傳播到周圍的地區，從而對周圍的區域產生影響（梁海豔和倪超，2018）。

從 20 世紀 80 年代開始，經過 30 餘年的發展，中國各省域出生性別比失衡已經蔓延到了全國的絕大部分地區，中度及重度失衡的省域數仍在遞增。2000—2010 年，全國及各省域出生性別比普遍偏高，主要集中於中南地區及其相鄰省域，東部地區的出生性別比高於西部，從沿海逐步向內地擴散。1981 年，全國僅有 1 個省域中度失衡，9 個省域輕度失衡，19 個省域完全處於正常水準；至 2010 年，僅有西藏、新疆 2 個自治區處於正常水準，16 個省域為重度和極度失衡。其中，貴州的出生性別比上升幅度最大，10 年間升高了 20.8 個百分點，達到了 126.2，進入重度失衡。其次是山東，升高了 10.8 個百分點，達到 124.3。出身性別比上升的省域有 18 個，多於 13 個下降的省域。其中，江西降幅較大，從 138 降低到 128.3，減少了 9.7 個百分點；其次是陝西，從 125.2 降低到 116.1，減少了 9.1 個百分點；降幅排在第三的是廣東，從 137.8 降低到 129.5，減少了 8.3 個百分點。與 2000 年相比，出生性別比極度失衡的範圍明顯縮小，但重度失衡的情況擴散十分顯著，而且地區差異也很明顯，出生性別比最高的安徽省出要比最低的西藏高出 25.7 個百分點，標準差較 2000 年略有減少，為 7.83。2010 年各省域分區域和分孩次的出生性別比，如表 3.11 所示。

表 3.11 2010 年各省域不同區域、不同孩次出生性別比

省域	分區域			分孩次		
	城市	鎮	鄉村	一孩	二孩	三孩及以上
北京	111.5	127.3	109.7	107.3	137.6	280.5
天津	115.0	115.7	113.1	111.8	119.8	186.0
河北	114.2	121.7	118.8	109.0	128.8	180.7

表3.11(續)

省域	分區域			分孩次		
	城市	鎮	鄉村	一孩	二孩	三孩及以上
山西	112.6	116.9	111.8	112.5	107.9	173.4
內蒙古	104.9	106.1	113.4	107.3	109.8	155.0
遼寧	110.2	114.3	115.4	110.5	116.6	196.0
吉林	109.8	119.5	117.9	116.5	109.2	161.0
黑龍江	113.8	111.0	117.3	115.8	111.9	118.5
上海	112.5	114.1	100.9	106.4	128.4	197.5
江蘇	118.0	124.6	122.7	114.8	135.0	151.2
浙江	116.1	119.7	120.3	109.7	132.0	192.2
安徽	116.7	126.2	136.9	113.0	168.3	250.0
福建	125.1	122.6	127.8	112.7	148.8	247.9
江西	121.3	126.9	130.5	113.9	139.3	162.6
山東	116.5	128.2	127.0	113.4	144.8	238.4
河南	119.7	132.0	128.8	118.1	133.2	177.1
湖北	125.4	122.7	123.6	115.0	144.2	156.2
湖南	118.4	127.7	127.4	119.8	127.9	178.3
廣東	131.3	128.4	127.4	122.3	138.7	150.1
廣西	122.5	128.4	119.8	114.6	128.4	141.6
海南	125.1	138.1	128.1	117.2	129.9	204.8
重慶	111.2	110.1	117.5	111.9	112.3	145.1
四川	114.2	111.8	113.0	113.7	109.0	123.4
貴州	121.7	130.3	126.1	109.4	146.9	171.2
雲南	108.6	115.0	114.0	108.9	116.5	137.2
西藏	106.9	120.0	96.4	107.8	96.6	91.6
陝西	112.2	117.0	117.3	114.4	116.9	146.7
甘肅	120.6	133.4	124.4	118.2	131.8	149.3
青海	112.0	113.6	112.6	107.9	115.5	127.4
寧夏	112.7	114.1	115.2	107.3	121.5	131.5
新疆	107.8	104.0	105.2	106.2	103.4	108.0

根據第六次人口普查數據，分城鄉和孩次出生性別比表現出了與以往不同的發展態勢。由表3.11可知，中國城市和鎮出生性別比與2000年相比，均有不同程度的上升，而鄉村出生性別比略有下降。與中國出生性別比在時間上的

不斷攀升相伴隨的，是其在空間上的不斷擴散。從失衡程度的演變過程來看，總體上來說在 1981—2010 年 30 年間，中國出生性別比的失衡程度日益嚴重，輕度失衡省域占比逐漸下降，而重度失衡的省域比例卻在不斷上升，出生性別比失衡現象在全國迅速擴散，從以農村人口為主的省域逐漸擴散到大城市和特大城市。

對於 2010 年中國各省域出生性別比而言，除個別省域，如北京、天津、上海、廣東、西藏、新疆等之外，總體上，鄉村出生性別比高於鎮出生性別比，鎮出生性別比高於城市出生性別，出生性別比偏高的現象有從農村向城市擴散的跡象。除西藏和內蒙古之外，其他省域的城市出生性別比都高於正常值，特別是廣東、湖南、福建、海南、廣西、貴州、江西、甘肅、河南、湖南、廣東等省域出生性別比偏高問題較嚴重，廣州甚至達到了 131.3，吉林和雲南出生性別比偏離程度較小，均在 110 以下。對於鎮而言，海南、甘肅、河南和貴州處於嚴重失衡，均達到 130 以上，高於全國鎮出生性別比的平均值 122.8 的省有 12 個，內蒙古和新疆鎮的出生性別比正常。2010 年各省域的鄉村出生性別比中，安徽和江西兩省鄉村出生性別比在 130 以上，除了北京、上海、新疆及西藏以外的其餘省域均位於 110~120。

2010 年，對於各省域分孩次的出生性別比而言，與前面全國分孩次整體特徵一致，呈現出隨著孩次增加，出生性別比激增的趨勢，三孩及以上的出生性別比顯著大於二孩出生性別比，二孩出生性別比大於一孩出生性別比，除山西、吉林、四川、西藏、新疆之外，大多數省域呈現這一規律。其中西藏自治區較為特殊，呈現出不一致的趨勢，一孩出生性別比略微偏離正常值範圍，二孩、三孩及以上出生性別比則顯著低於正常值範圍。對於三孩及以上出生性別比而言，北京達到了 280.5、安徽為 250.0、福建為 247.9、山東為 238.4，偏離程度極高。

2010 年「六普」的一孩出生性別比，表明中國一孩出生性別比失衡的出現不是一時一地的偶然現象，而具有一定的普遍性，即中國的出生性別比失衡出現了比以往更為複雜的局面。一孩出生性別比失衡意味著有更多的人在生育週期的起點處就有了選擇孩子性別的行為，而這種選擇超出了我們以往對出生性別比失衡的一般性認知，即認為性別選擇行為基本會集中在二孩及以上的孩次上。這種具有高度趨同性的一孩出生性別比失衡，表明中國的生育轉變已進入一個新的歷史階段，社會影響因素的作用強於政策性因素的生育動力格局正在逐步形成（石雅茗和劉爽，2015）。2015 年全國 31 個省域出生性別比的空間分佈圖、各省域出生性別比排序圖，以及 2015—2010 年各省域出生性別差

值排序圖，如圖 3.20、圖 3.21 和圖 3.22 所示。

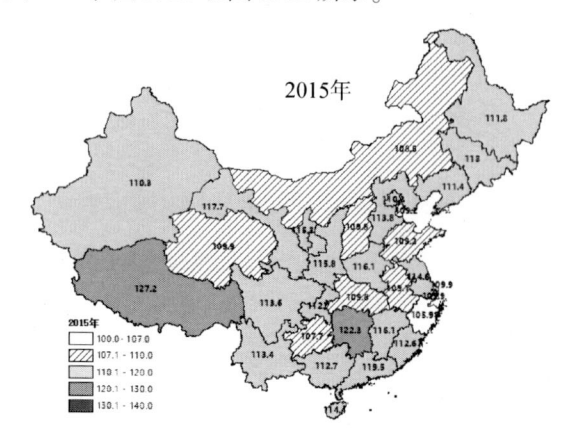

圖 3.20　2015 年各省域出生性別比空間分位圖

圖片來源：國家地球系統科學數據中心。

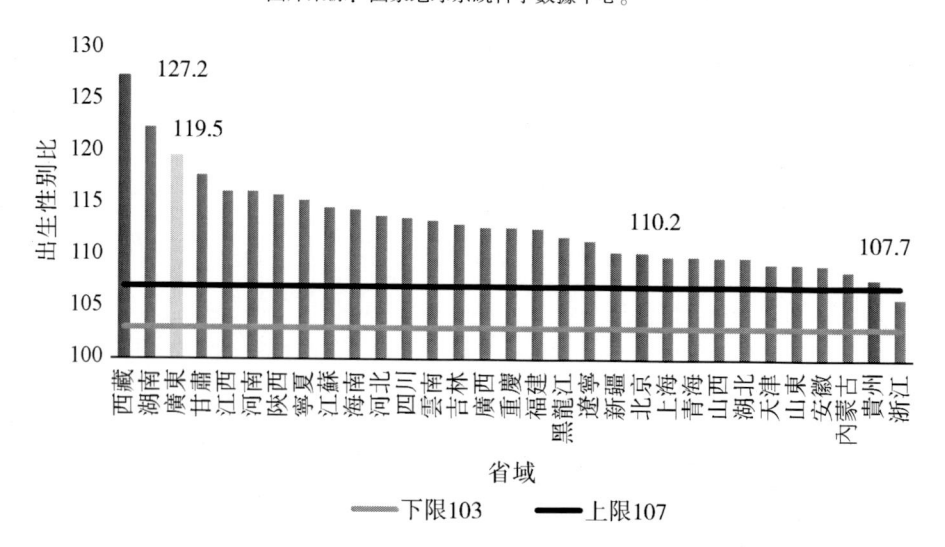

圖 3.21　2015 年各省域出生性別比排序圖

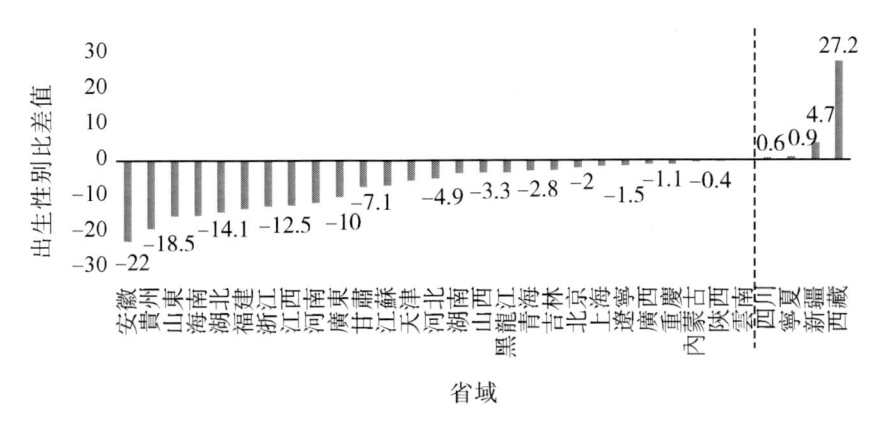

```
出
生
性    30                                                                                    27.2
別    20
比    10                                                                              4.7
差     0                                                                         0.6 0.9
值   -10                         -7.1 -4.9-3.3-2.8 -2 -1.5-1.1-0.4
      -20       -18.5-14.1-12.5-10
      -30 -22
          安貴山海湖福浙江河廣甘江天河湖山黑青吉北上遼廣重內陜雲四寧新西
          徽州東南北建江西南東肅蘇津北南西龍海林京海寧西慶蒙西南川夏疆藏
                                                          江                    古
                          省 域
```

圖 3.22 2015—2010 年各省域出生性別差值比排序圖

由圖 3.20~圖 3.22 可知，較 2010 年，2015 年顯著的特點是：各省域出生性別比全面回落，除西藏大幅攀升了 27.2 個百分點，新疆升高了 4.7 個百分點，寧夏、四川略升之外，其餘 27 個內陸省域出生性別比均呈回落之勢。其中，安徽、貴州、山東、海南、湖北、福建、浙江、江西、河南和廣東等省域顯著回落，下降幅度達到了 10~22 個百分點，安徽下降得最多，下降了 22 個百分點。之前一直保持出生性別比最低的西藏，在 2010—2015 年，一躍成為出生性別比最高的省域，達到了 127.2，增長了 27.2 個百分點，值得重點關注。其次出生性別比較高的省域還是湖南，為 122.3。

但是，2015 年，中國 31 個內陸省域中，依舊有 30 個省域出生性別比偏高，其中 9 個省域為輕度失衡，19 個省域為中度失衡，重度失衡的省域大幅減少只有 2 個，出生性別比偏高的趨勢得到了有效遏制。2015 年各省域不同區域、不同孩次及 2010—2015 年出生性別比差值，如表 3.12 所示。

表 3.12 2015 年各省域不同區域、不同孩次及 2010—2015 年出生性別比差值

	2015 年分區域			2015 年分孩次			2010—2015 年分區域差值			2010—2015 年分孩次差值		
	城市	鎮	鄉村	一孩	二孩	三孩及以上	城市	鎮	鄉村	一孩	二孩	三孩及以上
北京	113.4	80.9	105.0	109.2	110.4	148.5	1.9	-46.4	-4.7	1.9	-27.2	-132.0
天津	110.6	110.4	104.1	114.7	95.9	190.0	-4.4	-5.3	-9.0	2.9	-23.9	4.0
河北	105.5	112.8	117.5	107.2	115.5	150.0	-8.7	-8.9	-1.3	-1.8	-13.3	-30.7
山西	106.7	111.7	110.7	107.3	107.6	165.4	-5.9	-5.2	-1.1	-5.2	-0.3	-8.0
內蒙古	103.8	111.1	111.2	106.2	105.2	177.0	-1.1	5.0	-2.2	-1.1	-4.6	22.0
遼寧	110.2	130.0	106.0	113.5	105.6	318.8	0.0	15.7	-9.4	3.0	-11.0	122.8
吉林	103.3	146.2	107.9	112.8	111.0	122.7	-6.5	26.7	-10.0	-3.7	1.8	-38.3
黑龍江	107.1	101.5	123.0	110.9	111.2	157.1	-6.7	-9.5	5.7	-4.9	-0.7	38.6

3 中國省域出生性別比的時空分異特徵

表3.12(續)

	2015年分區域			2015年分孩次			2010—2015年分區域差值			2010—2015年分孩次差值		
	城市	鎮	鄉村	一孩	二孩	三孩及以上	城市	鎮	鄉村	一孩	二孩	三孩及以上
上海	106.9	129.2	108.1	105.1	120.2	250.0	-5.6	15.1	7.2	-1.3	-8.2	52.5
江蘇	113.2	114.2	116.8	117.3	107.9	161.5	-4.8	-10.4	-5.9	2.5	-27.1	10.3
浙江	104.3	107.9	106.8	99.0	110.7	155.7	-11.8	-11.8	-13.5	-10.7	-21.3	-36.5
安徽	110.3	109.0	108.9	111.2	101.1	200.0	-6.4	-17.2	-28.0	-1.8	-67.2	-50.0
福建	114.1	114.1	110.3	101.8	117.1	179.9	-11.0	-8.5	-17.5	-10.9	-31.7	-68.0
江西	111.2	116.4	117.6	106.1	116.3	241.9	-10.1	-10.5	-12.9	-7.8	-23.0	79.3
山東	102.9	116.2	109.6	100.1	112.1	163.6	-13.6	-12.0	-17.4	-13.3	-32.7	-74.6
河南	109.6	119.5	116.7	115.3	112.5	215.2	-9.8	-12.5	-12.1	-2.8	-20.9	38.1
湖北	108.9	111.3	109.8	102.0	121.5	141.1	-16.5	-11.4	-13.8	-13.0	-22.7	-15.1
湖南	113.9	127.1	123.4	124.6	116.7	173.4	-4.5	-0.6	-4.0	4.8	-11.2	-4.9
廣東	117.5	118.6	123.1	115.8	120.2	146.5	-13.8	-9.8	-4.3	-6.5	-18.5	-3.6
廣西	123.2	118.1	119.2	116.5	115.5	134.6	0.7	-10.3	0.0	1.9	-12.9	-7.0
海南	112.6	107.7	118.8	100.3	114.9	149.1	-12.5	-30.4	-9.3	-16.9	-15.0	-55.7
重慶	113.4	106.5	116.3	109.2	117.6	197.1	2.2	-3.6	-1.2	-2.7	5.3	52.0
四川	102.6	108.7	121.8	112.2	118.0	120.4	-11.6	-3.1	8.8	-1.5	9.0	-3.0
貴州	94.8	110.1	110.6	96.2	116.7	104.7	-26.9	-20.2	-15.5	-13.2	-30.2	-66.5
雲南	106.4	119.1	113.3	110.3	112.5	152.9	-2.2	4.1	-0.7	1.4	-3.8	15.7
西藏	124.2	154.8	124.5	111.5	145.4	138.0	17.3	34.8	28.1	3.7	48.8	46.4
陝西	112.4	122.5	113.6	119.8	107.0	128.8	0.2	5.5	-3.7	5.4	-9.9	-17.9
甘肅	125.9	118.8	115.2	113.6	114.5	157.9	5.3	-14.6	-9.2	-4.6	-17.3	8.6
青海	88.4	115.3	115.8	102.2	111.3	162.7	-23.6	1.7	3.2	-5.7	-4.2	35.3
寧夏	136.7	121.0	103.2	111.5	112.6	137.0	24.0	6.9	-12.0	4.2	-8.9	5.5
新疆	111.7	110.0	110.0	109.3	106.4	139.1	3.9	6.0	4.8	3.1	3.0	31.1

  由表3.12可知，對於2015年中國各省域分區域出生性別比而言，出生性別比偏高趨勢得到了有效遏制，各省之間發生了較大的分化，不再是一致的鄉村大於城鎮，鎮大於城市。其中，有9個省域出現城市出生性別比大於鄉村出生性別比的現象，如寧夏的特點是城市出生性別比為136.7，鎮出生性別比為121，顯著大於鄉村出生性別比103.2；還有如吉林、西藏、遼寧和上海等省域，它們鎮出生性別比最高，分別達到了146.2、154.8、130和129.2，其城市和鄉村出生性別比則較接近。鎮出生性別比大於鄉村的省域有17個。

  城市出生性別比失衡程度為極度和重度程度的省域有寧夏、甘肅、西藏和廣西，中度失衡的省域有13個，輕度失衡的省域有3個，其餘11個省域多在正常值範圍之內或低於正常值域下限，最低的是青海省只有88.4。需要對寧夏和西藏重點關注，它們二者的城市出生性別比2010年分別增長了24和17.3

個百分點，增長迅速。與之相對的是，山東、廣東、湖北、青海和貴州等省域，城市出生性別比下降幅度較大，分別下降了 26.9、23.6、16.6、13.8 和 13.6 個百分點。

對於鎮出生性別比而言，西藏和吉林值得特別關注，它們二者分別達到了 154.8 和 146.2，較 2010 年分別增長了 34.8 和 26.7 個百分點；遼寧、上海、湖南、陝西和寧夏鎮出生性別比為重度失衡，中度失衡的省域有 17 個，輕度失衡的省域有 5 個；鎮出生性別比較 2010 年出現顯著回落的省域為北京、海南和貴州，分別回落了 46.4、30.4 和 20.2，基本回落到正常值範圍之內或輕度失衡。

對於鄉村出生性別比而言，居首位處於重度失衡的省域有西藏、湖南、廣東、黑龍江和四川，出生性別比分別為 124.5、123.4、123.1、123 和 121.8，處於中度和輕度失衡的省域分別為 15 個和 6 個。其中，較 2010 年，西藏上升幅度最大，上升了 28.1 個百分點，達到了 124.5，上升的省域只有 6 個，大部分省域均回落，下降較快的省域有安徽、福建、山東和貴州，分別下降了 28、17.5、17.4 和 15.5 個百分點。

2015 年，對於各省域分孩次的出生性別比而言，除個別省域發生分化之外，如西藏是二孩出生性別比最高，廣西、內蒙古、吉林、新疆、河南、湖南、遼寧、江蘇、安徽、陝西和天津等為一孩出生性別大於二孩出生性別比之外，與前面全國分孩次整體特徵也基本一致。大多數省域呈現出隨著孩次增加，出生性別比增大的趨勢，三孩及以上的出生性別比顯著大於二孩出生性別比，二孩出生性別比大於一孩出生性別比，除山西、吉林、四川、西藏、新疆之外，大多數省域呈現這一規律。對於一孩出生性別比而言，湖南最高達到了 124.6，為重度失衡，中度和輕度失衡的省域分別為 15 個和 5 個。較 2010 年，有 20 個省域的一孩出生性別比回落，其中海南、山東、貴州、湖北、福建和浙江下降顯著，分別下降了 16.9、13.3、13.2、13、10.9 和 10.7 個百分點，均低於正常值範圍下限；11 個省域的一孩出生性別比小幅增長，其中升幅較大的省域為陝西、湖南和寧夏，分別上升了 5.4、4.8 和 4.2 個百分點。

對於二孩出生性別比而言，西藏最高達到了 145.4，為極度失衡，重度失衡的省域為湖北、廣東和上海，分別達到了 121.5、120.2 和 120.2，中度和輕度失衡的省域分別為 19 個和 6 個。較 2010 年，有 26 個省域的一孩出生性別比回落，其中安徽、山東、福建、貴州、北京和江蘇等省域下降顯著，分別下降了 67.2、32.7、31.7、30.2、27.2 和 27.1 個百分點；只有 5 個省域的一孩出生性別比增長，其中升幅最大的省域為西藏，上升了 48.8 個百分點。

對於三孩及以上出生性別比而言，遼寧最高達到了318.8，出生性別比在200以上的省域還有上海、江西、河南和安徽，各自的三孩出生性別比分別為250、241.9、215.2和200，全國平均值達到了167.1，只有貴州省的三孩出生性別比在正常值範圍之內，其餘所有省域都在120以上。較2010年，有16個省域的三孩出生性別比回落，其中北京、山東、福建、貴州和海南等下降顯著，分別下降了132、74.8、68、66.5和55.7個百分點；15個省域的三孩出生性別比增長，其中升幅較大的省域為遼寧、江西、上海、重慶和西藏，分別上升了122.8、79.3、52.5、52和46.4個百分點，顯著高於一孩和二孩的出生性別比。

2. 中國各省域出生性別比空間集聚性

中國出生性別比長期偏高的累積效應已經開始全面顯現，出生性別比偏高不僅在時間維度上具有累積性，在空間維度上也具有輻射效應。作為一個開放的人口和社會系統，某個人口子系統的出生性別比持續偏高，可能對鄰近區域產生影響（吳帆，2018）。在本書第3章對出生性別比的空間分佈特徵分析中，可以看到中國出生性別比的分佈具有一定的空間集聚特徵，為進一步確認中國出生性別比在空間上的集聚效應是否顯著，本節利用全局Moran'I指數、Moran散點圖和LISA集聚圖，分別對全域空間自相關性和局域空間自相關性進行檢驗。

基於各普查年份的出生性別比，計算得到各年出生性別比的全局Moran'I指數，其中以各省域的質心坐標為X、Y值，空間權重矩陣的構造採用歐式距離，結果如表3.13所示。

表3.13 出生性別比全局空間自相關檢驗結果

年份	Moran'sI	z 統計量	P 值
1981	0.304,4	3.809,3	0.001,0***
1989	0.204,2	2.768,3	0.008,0***
1990	0.244,6	3.102,5	0.002,8***
2000	0.283,8	3.670,6	0.002,0***
2005	0.323,9	4.042,6	0.001,1***
2010	0.373,1	4.625,1	0.001,0***
2015	0.384,9	5.623,8	0.000,5***

註：結果由Geoda1.10計算完成；***、**、*分別表示為1%、5%和10%顯著性水準下顯著。

表 3.13 結果顯示，1981—2010 年中國各普查年份出生性別比的 Moran'I 指數均為正，且通過了顯著性檢驗，表明中國各省域的出生性別比在空間上並非是隨機分佈的，而是具有顯著的正相關關係，也就是說出生性別比的高值與高值、低值與低值會在空間上表現出明顯的空間集聚特徵。出生性別比的 Moran'I 指數，呈現出先降後升的「U」形走勢，在 2015 年達到最大值，說明出生性別比的正向空間集聚效應在 1989 年最低點之後逐漸增強，各省域間正向相互作用關係日益顯著。

3. 中國各省域出生性別比的空間結構

全域空間自相關檢驗證明了中國出生性別比存在正向空間自相關關係，但這只是對整體情況的分析，不能觀察到出生性別比空間分佈的局部特性，無法知曉哪些區域存在高值（低值）集聚的現象，下面利用局域空間自相關常用的 Moran 散點圖和 LISA 集聚圖，解析中國出生性別比在空間分佈上的局部空間結構特徵。見圖 3.23。

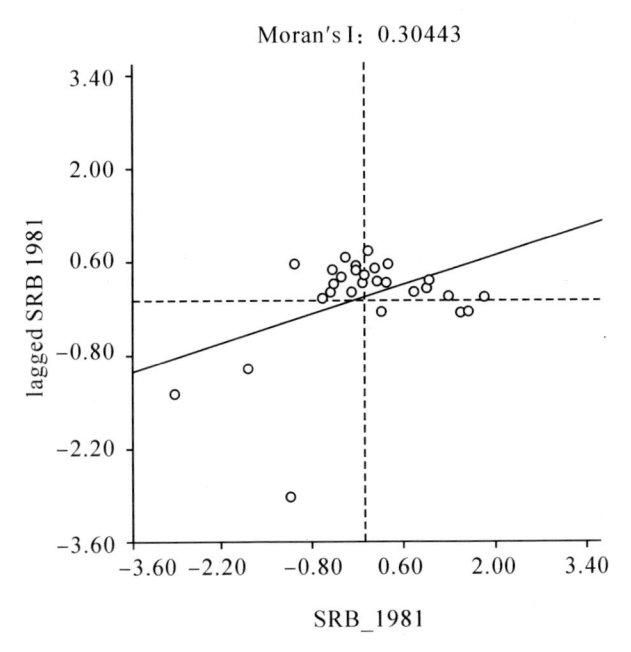

圖 3.23（a）　1981 年出生性別比 Moran 散點圖

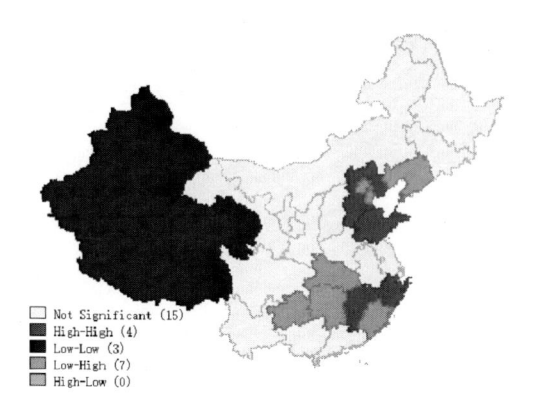

圖 3.23（b） 1981 年出生性別比 LISA 集聚圖

圖片來源：國家地球系統科學數據中心。

　　從圖 3.23（a）1981 年出生性別比 Moran 散點圖可知，大部分省域集中在第一、第三象限，少部分出現在第二象限，即 1981 年中國出生性別比多表現為「高—高」集聚與「低—低」集聚，少部分出生人口性別較低的省域被周圍出生性別比高值省域包圍，不存在高值被低值包圍的情況。具體而言，LISA 集聚圖顯示，有 4 個省域出生性別比屬於「高—高」集聚，分別是河北、山東、江西、浙江，出生性別比呈現「低—低」集聚的新疆、西藏、青海全部集中在西部，遼寧、北京、天津、湖北、湖南、貴州、福建的出生性別比則屬於「低—高」集聚的空間結構。

　　從圖 3.24（a）中的 Moran 散點圖可知，與 1981 年類似，中國各省域的出生性別比不存在「高—低」集聚的空間結構。山東、江蘇、湖南、江西表現為「高—高」集聚。「低—低」集聚和「低—高」的省域相比 1981 年分別減少為 1 個（西藏）和 3 個（湖北、貴州、福建）。

Moran's I：0.204245

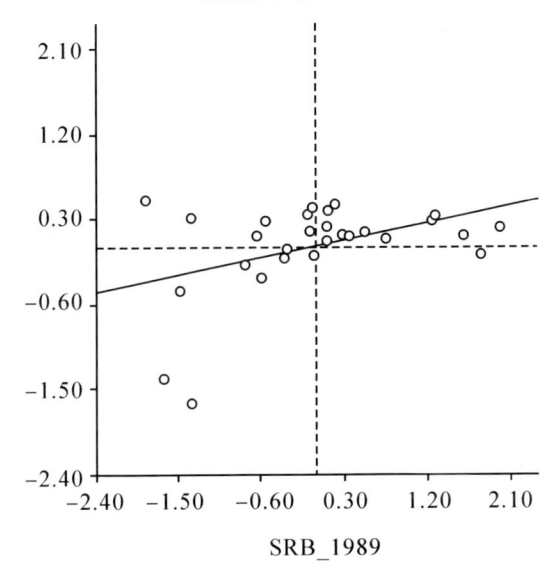

圖 3.24（a） 1989 年出生性別比 Moran 散點圖

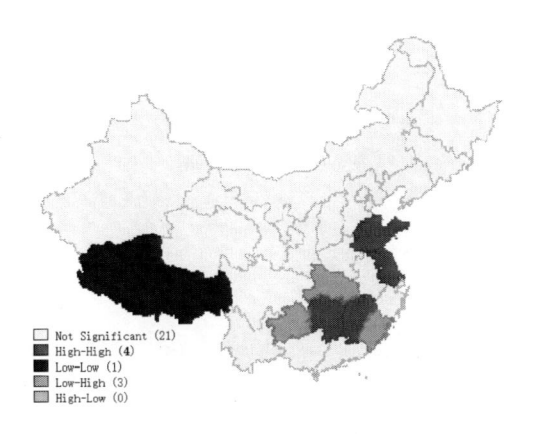

圖 3.24（b） 1989 年出生性別比 LISA 集聚圖

圖片來源：國家地球系統科學數據中心。

從圖 3.25 中可知，2000 年各省域出生性別比在空間上的集聚性與 1981 年和 1989 年相比明顯增強，「高—高」集聚的省域增加為 7 個，分別是陝西、湖北、湖南、廣西、江西、福建、江蘇，「低—高」集聚的省域增加為 5 個，分別是山西、山東、江蘇、雲南、貴州，「低—低」集聚的省域仍然集中在西部。

Moran's I: 0.283752

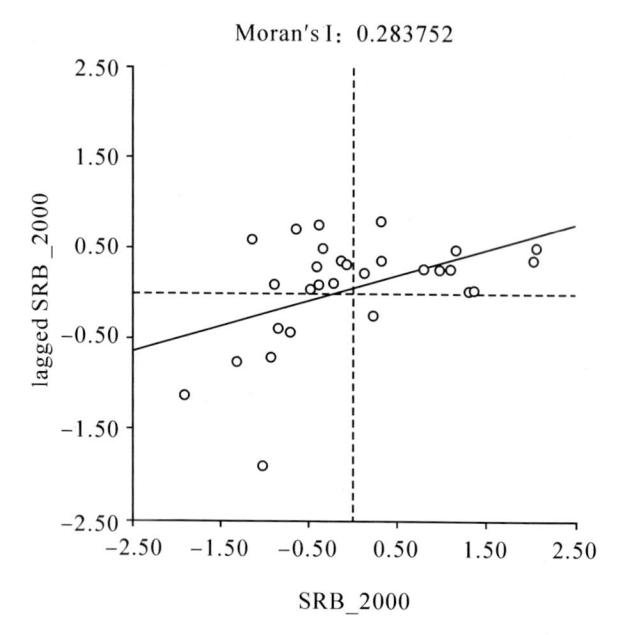

圖 3.25（a） 2000 年出生性別比 Moran 散點圖

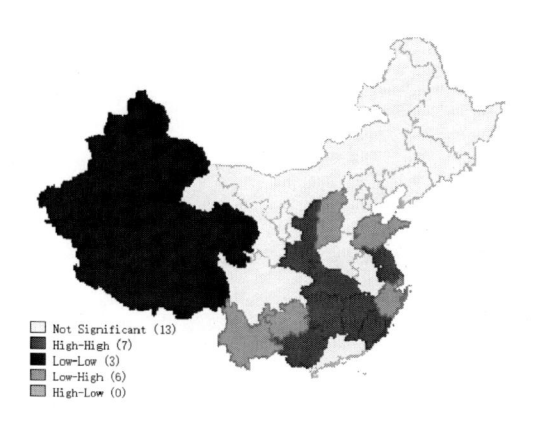

圖 3.25（b） 2000 年出生性別比 LISA 集聚圖

圖片來源：國家地球系統科學數據中心。

　　從圖 3.26 中可知，2010 年出生性別比呈現「高—高」集聚空間特徵的省域進一步增多，分別是江蘇、浙江、福建、江西、湖南、湖北、貴州、廣西、廣東，反應出中國出生性別比偏高在空間上的擴散性，「低—低」集聚的省域新增了吉林，表現為「低—高」集聚的則為陝西、四川、雲南、上海。

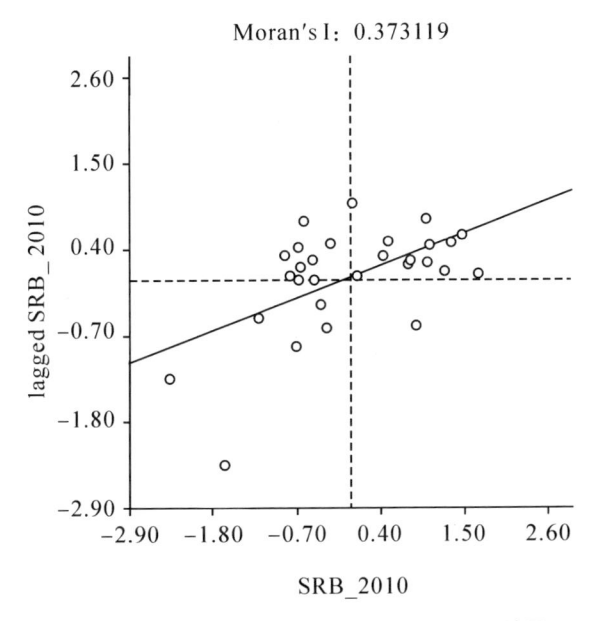

圖 3.26（a） 2010 年出生性別比 Moran 散點圖

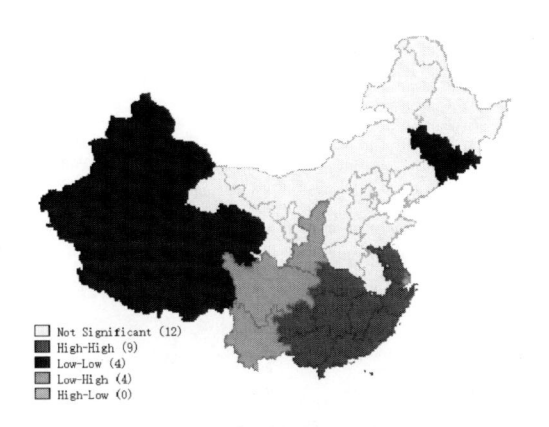

圖 3.26（b） 2010 年出生性別比 LISA 集聚圖

圖片來源：國家地球系統科學數據中心。

　　按照空間集聚特徵的分類，各個省域出生性別比空間集聚特徵在時間上的變化，如表 3.14 所示。

表 3.14　1981—2010 年出生性別比空間結構

年份	高—高	低—低	低—高	高—低
1981 年	河北、山東、江西、浙江	新疆、西藏、青海	遼寧、北京、天津、湖北、湖南、貴州、福建	無
1989 年	山東、江蘇、湖南、江西	西藏	湖北、貴州、福建	無
2000 年	陝西、湖北、湖南、廣西、江西、福建、江蘇	新疆、西藏、青海	山西、山東、江蘇、雲南、貴州	無
2010 年	江蘇、浙江、福建、江西、湖南、湖北、貴州、廣西、廣東	新疆、西藏、青海、吉林	陝西、四川、雲南、上海	無

由表 3.14 可知，1981 年以來，中國各省域出生性別比呈現顯著「高—高」集聚空間特徵的省域逐漸增加，表明中國各省域出生性別比在 1981—2010 年 30 年間，已經從東中部地區個別省域偏高進一步擴散蔓延；呈現顯著「低—低」集聚空間特徵的省域略有變化，其中江西和貴州的變化趨勢需要重點關注。江西的出生性別比在 1981—2010 年的四個普查年份中均表現為「高—高」集聚的空間結構，不僅說明江西自身出生性別比長期偏高，還反應出其周邊省域也存在出生性別比異常的情況，是治理出生性別比偏高需要重點關注的省域。

3.3.3　中國省域出生性別比的空間變化

1981—2015 年中國各省域出生性別比空間變化，如表 3.15、圖 3.27 所示。

表 3.15　1981—2015 年中國各省域出生性別比空間變化

類型	值域範圍	1981 (29 個省域)	1989 (30 個省域)	2000 (31 個省域)	2010 (30 個省域)	2015 (30 個省域)
輕度偏低	小於 103	西藏、青海	西藏、貴州	西藏	西藏	—
正常	[103~107]	新疆、雲南、寧夏、貴州、甘肅、黑龍江、天津、福建、內蒙古、遼寧、湖南、北京、上海、湖北、江西	青海、新疆、上海、寧夏	青海、貴州、新疆	新疆	浙江
輕度失衡	[107~110]	河北、四川、吉林、江蘇、浙江、山東、陝西、山西、河南	北京、黑龍江、雲南、內蒙古、吉林、湖南、山西、福建、甘肅	黑龍江、寧夏、內蒙古、吉林	內蒙古	貴州、內蒙古、安徽、天津、山東、山西、湖北、上海、青海

表3.15(續)

類型	值域範圍	1981 (29個省域)	1989 (30個省域)	2000 (31個省域)	2010 (30個省域)	2015 (30個省域)
中度失衡	(111~120]	天津、遼寧、湖南、江西、陝西、安徽、廣東、河北、四川、江蘇、山東、海南、河南、廣西、浙江	廣東、廣西、安徽	雲南、遼寧、山西、天津、浙江、山東、北京、上海、廣西、重慶、四川、河北、甘肅	上海、北京、青海、遼寧、四川、山西、雲南、廣西、重慶、寧夏、天津、黑龍江、吉林、陝西、浙江、河北	北京、新疆、遼寧、黑龍江、福建、廣西、重慶、吉林、雲南、四川、河北、江蘇、寧夏、陝西、河南、江西、甘肅、廣東
重度失衡	(121~130]	——	——	江蘇、福建、陝西、湖南、湖北	江蘇、湖北、山東、甘肅、福建、湖南、貴州、河南、江西、海南、廣東	湖南、西藏
極度失衡	大於130	——	——	河南、安徽、海南、廣東、江西	安徽	——

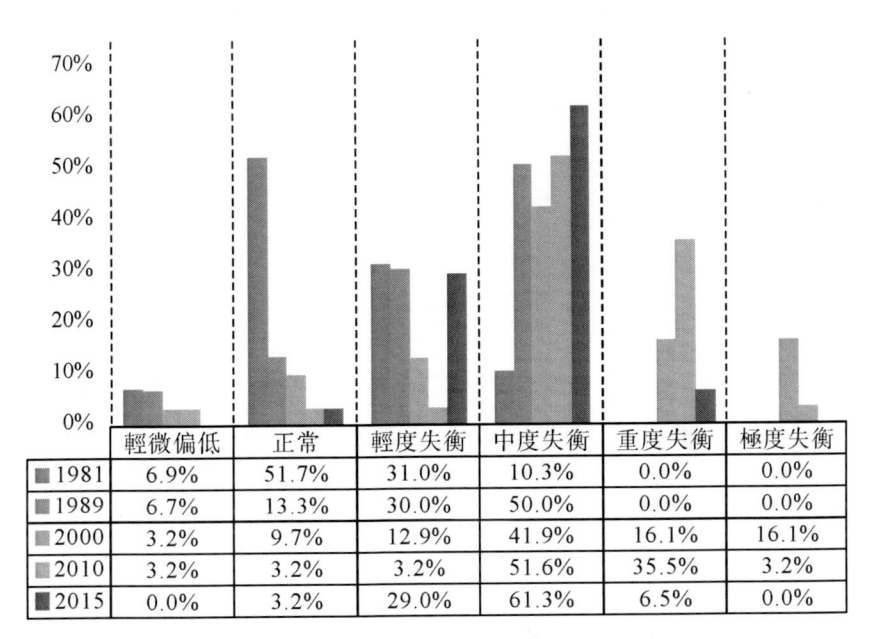

圖3.27 1981—2015年各省域出生性別比不同類型比例圖

	輕微偏低	正常	輕度失衡	中度失衡	重度失衡	極度失衡
1981	6.9%	51.7%	31.0%	10.3%	0.0%	0.0%
1989	6.7%	13.3%	30.0%	50.0%	0.0%	0.0%
2000	3.2%	9.7%	12.9%	41.9%	16.1%	16.1%
2010	3.2%	3.2%	3.2%	51.6%	35.5%	3.2%
2015	0.0%	3.2%	29.0%	61.3%	6.5%	0.0%

由表3.15和圖3.27可知，1981—2015年間，中國各省域的出生性別比中，西藏在1981—2010年30年間始終輕微低於正常值範圍。在正常值範圍之內的省域1981年時有15個，但是1989年就銳減為4個，之後逐漸減少為只有1個，2015年浙江回落到正常值範圍；輕度失衡的省域數量則呈「U」形變動，其中，2010年最少只有內蒙古一個省域，2015年全國各省出生性別比偏高的狀況顯著緩解，輕度失衡的省域比率接近20世紀80年代水準。中度失衡在1981年時還很少，1985—2015年占比在50%左右，其中個別省域需要重點關注，如2000年青海（103.5）和貴州（105.4）出生性別比均為正常水準，

3 中國省域出生性別比的時空分異特徵 91

但是2010年貴州已經處於嚴重偏高狀態,青海則處於中度偏高狀態。重度失衡和極度失衡的省域數量則呈倒「U」形走勢,其中2000—2010年是中國出生性別比失衡狀況較為突出的一個階段。

3.3.4 中國省域出生性別比升高的貢獻率分析

出生性別比升高貢獻率分析,是指分因素分析出生性別比升高程度在總體升高程度中佔有的份額,它既受分因素出生性別比水準的影響,也受分因素分性別出生人口規模的影響。分因素是指在某個研究範疇中具有相同性質且互相獨立的一組因素。將$r_n(t)$記錄為t年度n因素的貢獻率,$w_n(t)$為t年度n因素的女嬰出生人數,$m_n(t)$為t年度n因素的男嬰出生人數,因此計算t年度某因素的出生性別比貢獻率公式為:

$$r_n(t) = \frac{w_n(t)}{\sum w_n(t)} \cdot \frac{\frac{m_n(t)}{w_n(t)} - 1.07}{\frac{\sum m_n(t)}{\sum w_n(t)} - 1.07} \times 100\% \quad (3-3)$$

式(3-3)中,$\frac{\sum m_n(t)}{\sum w_n(t)} - 1.07$為總體出生性別比升高的幅度,$\frac{m_n(t)}{w_n(t)} - 1.07$為分因素出生性別比升高的幅度,兩者之比反應了分因素升高對總體升高的相對水準。$\frac{w_n(t)}{\sum w_n(t)}$為分因素出生女嬰占總體出生女嬰的比例,以此作為權數,則計算出的$r_n(t)$為n因素出生性別比升高對總體升高的貢獻率。此公式的變量n可以取自不同研究範疇,可以作為賦予任何意義的變量(蔡菲,2007)。

1. 出生性別比偏高的省域貢獻率

首先,以各省域的出生性別比作為分因素變量,衡量各省域對出生性別比偏高的作用程度大小級差異。各省域的貢獻率指的是各省域出生性別比升高程度在全國升高中所占份額。各省域的出生性別比從1981年到2010年期間均有增長,由於不同省域自身的出生性別比水準及出生人口的規模不同,它們對全國出生性別比增長的貢獻率大小各異。

設省域i的出生女孩數量為f_i,出生男孩數量為m_i,式(3-3)簡化為下式,省域i對全國出生性別比偏高的貢獻率r_i可表示為:

$$r_i = (m_i - 1.07f_i)/(m - 1.07f) \times 100\% \quad (3-4)$$

2000 年各省域對中國分省域出生性別比及貢獻率，如表 3.16 所示。

表 3.15 2000 年各省域人口、性別比及貢獻率

地區	出生人數 合計	男	女	性別比	貢獻率（%）	排名
河南	103,658	58,648	45,010	130.3	15.1	1
廣東	76,678	44,428	32,250	137.8	14.3	2
安徽	59,759	33,862	25,897	130.8	8.9	3
江西	43,944	25,481	18,463	138.0	8.2	4
湖南	54,294	30,367	23,927	126.9	6.9	5
廣西	47,979	27,009	20,970	128.8	6.6	6
湖北	38,608	21,676	16,932	128.0	5.1	7
河北	65,431	35,480	29,951	118.5	4.9	8
江蘇	52,059	28,416	23,643	120.2	4.5	9
四川	68,293	36,730	31,563	116.4	4.3	10
山東	88,292	46,936	41,356	113.5	3.9	11
陝西	28,713	15,960	12,753	125.2	3.3	12
福建	30,193	16,485	13,708	120.3	2.6	13
甘肅	26,350	14,337	12,013	119.4	2.1	14
浙江	40,522	21,507	19,015	113.1	1.7	15
雲南	66,650	34,998	31,652	110.6	1.6	16
海南	8,788	5,049	3,739	135	1.5	17
山西	36,235	19,203	17,032	112.8	1.4	18
重慶	22,538	12,094	10,444	115.8	1.3	19
遼寧	31,811	16,818	14,993	112.2	1.1	20
上海	8,349	4,475	3,874	115.5	0.5	21
北京	7,564	4,039	3,525	114.6	0.4	22
吉林	17,260	9,036	8,224	109.9	0.3	23
天津	6,487	3,441	3,046	113.0	0.3	24
內蒙古	21,265	11,065	10,200	108.5	0.2	25

表3.15(續)

地區	出生人數 合計	男	女	性別比	貢獻率（%）	排名
黑龍江	24,645	12,769	11,876	107.5	0.1	26
寧夏	8,586	4,458	4,128	108.0	0.1	27
新疆	27,232	14,054	13,178	106.7	-0.1	28
青海	6,932	3,526	3,406	103.5	-0.2	29
西藏	3,759	1,855	1,904	97.4	-0.3	30
貴州	59,264	30,407	28,857	105.4	-0.7	31

由表3.16可知，2000年各省域出生性別比普遍高於正常值範圍，其中，江西、廣東、海南、安徽、河南、廣西、湖北、湖南、陝西、福建、江蘇省的出生性別比均大於120，它們的人口占全國總人口的46.1%。全國出生性別比偏高貢獻率前十位的省域為河南、廣東、安徽、江西、湖南、廣西、湖北、河北、江蘇、四川，它們的貢獻率均在4%以上，貢獻率之和為78.7%，貢獻率最高的河南達到了15.1%，說明在全國出生性別比升高的幅度中有超過2/3是這10個省域造成的，其中，河南、廣東、安徽最為突出，排在前3名，貢獻率分別達到了15.1%、14.3%和8.9%，對出生性別比總體水準的變化起到至關重要的作用。山東、陝西、福建、甘肅、浙江、雲南、海南、山西、重慶、遼寧10個省域，貢獻率合計為20.6%，貢獻率小於1%的省域有7個，它們的合計貢獻率不足1%。2010年各省域對中國分省域出生性別比及貢獻率，如表3.17所示。

表3.17　2010年各省域人口、性別比及貢獻率

地區	出生人數（萬人） 合計	男	女	性別比	貢獻率（%）	排名
廣東	94,985	53,596	41,389	129.5	12.2	1
河南	92,626	51,936	40,690	127.6	11.0	2
山東	84,373	46,753	37,620	124.3	8.5	3
安徽	55,698	31,594	24,104	131.1	7.6	4
湖南	66,182	36,869	29,313	125.8	7.2	5
江西	45,698	25,679	20,019	128.3	5.6	6

表3.17(續)

地區	出生人數（萬人） 合計	男	女	性別比	貢獻率（％）	排名
江蘇	63,515	34,825	28,690	121.4	5.4	7
河北	76,893	41,736	35,157	118.7	5.4	8
湖北	53,568	29,647	23,921	123.9	5.3	9
廣西	56,207	30,889	25,318	122.0	5.0	10
貴州	37,076	20,685	16,391	126.2	4.1	11
福建	34,425	19,173	15,252	125.7	3.7	12
浙江	45,483	24,654	20,829	118.4	3.1	13
甘肅	24,709	13,717	10,992	124.8	2.6	14
四川	59,380	31,499	27,881	113.0	2.2	15
雲南	48,929	26,023	22,906	113.6	2.0	16
陝西	30,274	16,265	14,009	116.1	1.7	17
海南	10,290	5,805	4,485	129.4	1.3	18
山西	29,429	15,617	13,812	113.1	1.1	19
黑龍江	20,931	11,200	9,731	115.1	1.0	20
遼寧	23,607	12,519	11,088	112.9	0.9	21
吉林	15,528	8,328	7,200	115.7	0.8	22
重慶	19,413	10,333	9,080	113.8	0.8	23
上海	16,310	8,598	7,712	111.5	0.5	24
北京	13,013	6,879	6,134	112.2	0.4	25
天津	8,562	4,572	3,990	114.6	0.4	26
寧夏	6,838	3,648	3,190	114.4	0.3	27
內蒙古	19,928	10,387	9,541	108.9	0.2	28
青海	5,932	3,143	2,789	112.7	0.2	29
西藏	2,567	1,284	1,283	100.1	-0.1	30
新疆	27,691	14,220	13,471	105.6	-0.3	31

由表3.17可知，2010年各省域的出生性別比處於正常狀態的省域只有新

疆和西藏，其他省域普遍高於正常值範圍。全國出生性別比偏高貢獻率前十位的省域為廣東、河南、山東、安徽、湖南、江西、江蘇、河北、湖北、廣西，它們的貢獻率均在4%以上，貢獻率之和為73.1%，貢獻率集中度雖較2000年略有下降，但依然較高。其中，廣東、河南、山東較突出，貢獻率分別達到了12.2%、11.0%和8.5%，這三個省域合計貢獻率為31.7%，接近1/3，對出生性別比總體水準的變化起到至關重要的作用；貢獻率在0~4%的9個省域，合計貢獻率為18.7%；貢獻率在1%以下的省域有11個。與2000年相比，廣東和河南仍然是貢獻率最大的兩個省域，但是兩省域的合計貢獻率由29.4%下降到23.47%；貢獻率升高的省域有17個，升高幅度最大的是貴州，由-0.7%升高到4.1%；貢獻率下降的省域有14個，下降幅度最大的是河南，由15.1%下降到11.0%。從貢獻率看，出生性別比偏高問題的嚴重性不僅僅在於升高幅度的大小，而且要考慮波及的人群範圍，貢獻率最大的3個省域（廣東、河南、山東）也是中國人口最多的3個省域。2015年中國各省域出生性別比及貢獻率，如表3.18所示。

表3.18　2015年各省域人口、性別比及貢獻率

地區	出生人數（萬人）				貢獻率（%）	排名
	合計	男	女	性別比		
廣東	15,504	8,440	7,064	119.5	16.4	1
湖南	8,996	4,949	4,046	122.3	11.6	2
廣西	8,405	4,587	3,818	120.1	9.4	3
河南	11,624	6,245	5,379	116.1	9.1	4
江蘇	8,802	4,701	4,101	114.6	5.8	5
河北	9,549	5,083	4,466	113.8	5.7	6
四川	9,021	4,798	4,224	113.6	5.2	7
江西	6,441	3,460	2,981	116.1	5	8
雲南	7,492	3,982	3,511	113.4	4.2	9
福建	6,942	3,677	3,265	112.6	3.4	10
陝西	4,009	2,151	1,858	115.8	3	11
甘肅	3,153	1,705	1,449	117.7	2.9	12
山東	13,919	7,265	6,654	109.2	2.7	13

表3.18(續)

地區	出生人數（萬人） 合計	男	女	性別比	貢獻率（%）	排名
湖北	7,727	4,044	3,683	109.8	1.9	14
安徽	8,885	4,636	4,248	109.1	1.7	15
重慶	3,008	1,594	1,414	112.7	1.5	16
新疆	5,020	2,633	2,386	110.3	1.5	17
遼寧	2,966	1,563	1,403	111.4	1.2	18
山西	4,557	2,385	2,172	109.8	1.1	19
海南	1,688	901	788	114.4	1.1	20
吉林	2,027	1,075	952	113	1.1	21
西藏	541	303	238	127.2	0.9	22
黑龍江	2,075	1,095	980	111.8	0.9	23
寧夏	1,086	582	505	115.3	0.8	24
北京	2,557	1,341	1,217	110.2	0.7	25
上海	2,418	1,266	1,152	109.9	0.6	26
內蒙古	2,711	1,411	1,300	108.5	0.4	27
貴州	5,321	2,760	2,562	107.7	0.3	28
天津	1,393	727	666	109.2	0.3	29
青海	847	443	403	109.9	0.2	30
浙江	6,361	3,272	3,090	105.9	-0.6	31

由表3.17可知，較2010年，2015年大部分省域出生性別比有所下降，貢獻率均在4%以上的前九位省域為：廣東、湖南、廣西、河南、江蘇、河北、四川、江西和雲南，它們的貢獻率之和為72.4%，貢獻率集中度繼續下降。其中，廣東、湖南、廣西和河南貢獻率分別達到了16.4%、11.6%、9.4%和9.1%，貢獻率之和達到了46.5%，約佔貢獻率的二分之一，對出生性別比總體水準的變化起到至關重要的作用。2000—2015年人口性別比偏高的分省域貢獻率總結，見表3.19。

表 3.19　2000—2015 年人口性別比偏高分省域貢獻率前十位

(單位:%)

編號	省域	2000 年	省域	2010 年	省域	2015 年
1	河南	15.1	廣東	12.2	廣東	16.4
2	廣東	14.3	河南	11	湖南	11.6
3	安徽	8.9	山東	8.5	廣西	9.4
4	江西	8.2	安徽	7.6	河南	9.1
5	湖南	6.9	湖南	7.2	江蘇	5.8
6	廣西	6.6	江西	5.6	河北	5.7
7	湖北	5.1	河北	5.4	四川	5.2
8	河北	4.9	江蘇	5.4	江西	5.0
9	江蘇	4.5	湖北	5.3	雲南	4.2
10	四川	4.3	廣西	5	福建	3.4
合計		78.8	合計	77.3	合計	75.8

由表 3.18 可知，2000 年到 2015 年間，分省域貢獻率的前十位省域的貢獻率呈下降趨勢，由 78.8% 減少到 75.8%，表明分省域貢獻率的集中度在逐漸降低。其中，河南省由最高逐漸降低，2015 年貢獻率降為全國第四位；廣東省則繼續保持著較高的貢獻率，由 2000 年的 14.3% 增長到 2015 年的 16.4%，躍為第一位；湖南由 6.9% 躍升到 11.6%。安徽省則從 2000 年較高的貢獻率 8.9%，產生了較大降幅的持續下降，2015 年降至只有 1.7%；前十位省域中，呈下降趨勢的省域還有江西，從 8.2% 下降為 5.0%。

2. 各省域出生性別比偏高的城鄉貢獻率

為進一步分析城鄉對出生性別比的影響，本書對城鄉對出生性別比偏高的「貢獻率」進行了測算。設出生性別比的正常值為 107，全國生育女孩數量為 f，男孩數量為 m。其中，城市、鎮和鄉村生育女孩數量分別為 f_1、f_2、f_3，生育的男孩數量分別為 m_1、m_2、m_3。那麼城市、鎮和鄉村對全國出生性別比偏高的貢獻率可以分別簡化表示為：

$$c_1 = (m_1 - 1.07f_1) / (m - 1.07f) \times 100\%$$
$$c_2 = (m_2 - 1.07f_2) / (m - 1.07f) \times 100\% \quad (3\text{-}5)$$
$$c_3 = (m_3 - 1.07f_3) / (m - 1.07f) \times 100\%$$

計算出 2000 年各省域出生人口偏高的城鄉貢獻率，如表 3.20 所示。

表 3.20　2000 年各省域出生人口偏高的城鄉貢獻率

	出生人口（萬人）						貢獻率（%）		
	城市		鎮		鄉村		城市	鎮	鄉村
全國	123,549	108,238	84,428	70,417	436,632	358,874	11.1	13.1	75.8
北京	2,695	2,308	336	308	1,008	909	84.4	2.4	13.2
天津	1,312	1,207	820	782	1,309	1,057	11.3	-9.2	97.9
河北	5,368	4,737	3,138	2,693	26,974	22,521	8.7	7.5	83.8
山西	3,685	3,361	2,520	2,200	12,998	11,471	9.1	17.0	74.0
內蒙古	2,657	2,530	1,962	1,904	6,446	5,766	-33.2	-49.9	183.0
遼寧	5,877	5,459	1,924	1,715	9,017	7,819	4.6	11.5	83.9
吉林	2,818	2,545	1,383	1,227	4,835	4,452	40.1	29.7	30.2
黑龍江	3,923	3,608	2,193	1,993	6,653	6,275	101.2	98.1	-99.3
上海	3,272	2,904	631	507	572	463	49.9	26.8	23.2
江蘇	7,191	6,363	4,861	3,993	16,364	13,287	12.3	18.9	68.9
浙江	5,618	4,987	4,435	3,927	11,454	10,101	24.3	20.1	55.6
安徽	3,928	3,478	3,942	3,132	25,992	19,287	3.4	9.6	87.0
福建	3,247	2,861	3,119	2,669	10,119	8,178	10.2	14.5	75.3
江西	2,937	2,324	3,440	2,573	19,104	13,566	7.9	12.0	80.1
山東	10,916	9,854	6,479	5,582	29,541	25,920	13.9	18.9	67.3
河南	7,124	6,107	4,843	3,623	46,681	35,280	5.6	9.2	85.2
湖北	5,924	4,846	2,970	2,385	12,782	9,701	20.8	11.7	67.5
湖南	4,456	3,942	3,286	2,747	22,625	17,238	5.0	7.3	87.7
廣東	15,324	11,967	8,703	6,086	20,401	14,197	25.4	22.1	52.5
廣西	3,051	2,487	3,795	2,771	20,163	15,712	8.5	18.2	73.3
海南	1,010	729	893	618	3,146	2,392	21.9	22.1	56.0
重慶	2,241	2,156	1,604	1,445	8,249	6,843	-7.2	6.3	100.9
四川	5,056	4,549	4,472	4,117	27,202	22,897	6.4	2.3	91.4
貴州	2,682	2,513	3,237	2,829	24,488	23,515	1.5	-44.7	143.2
雲南	2,722	2,598	3,812	3,545	28,464	25,509	-5.1	1.7	103.5
西藏	82	92	162	192	1,611	1,620	9.0	23.8	67.1
陝西	2,746	2,389	2,051	1,732	11,163	8,632	8.2	8.5	83.3
甘肅	1,963	1,764	1,138	976	11,236	9,273	5.1	6.3	88.6
青海	505	515	371	341	2,650	2,550	38.9	-5.2	66.3
寧夏	640	622	418	425	3,400	3,081	-62.2	-89.5	251.8

由表 3.20 可知，全國層面城市、鎮和鄉村的貢獻率分別為 11.1%、13.1% 和 75.8%，城市和鎮的貢獻率只有 24.2%，表明鄉村出生性別比是中國出生性別比偏高的絕對主因。從各省域情況看，城市對出生性別比偏高貢獻率較高的省域為黑龍江、北京、上海、吉林和青海等；鎮的貢獻率較高的省域是

黑龍江、吉林、上海、西藏、廣東、海南和浙江等；鄉村貢獻率較高的省域有寧夏、內蒙古、貴州、雲南、重慶、天津和四川等。2010年各省域出生人口偏高的城鄉貢獻率，如表3.21所示。

表3.21　2010年各省域出生人口偏高的城鄉貢獻率

	出生人口（萬人）						貢獻率（%）		
	城市		鎮		鄉村		城市	鎮	鄉村
全國	170,745	144,296	123,909	100,940	357,419	292,751	21.4	20.8	57.8
北京	5,613	5,036	443	348	823	750	71.1	22.4	6.5
天津	2,833	2,463	523	452	1,216	1,075	65.3	13.0	21.7
河北	6,267	5,488	9,817	8,068	25,652	21,601	9.6	28.8	61.7
山西	3,617	3,212	3,397	2,905	8,603	7,695	21.5	34.4	44.1
內蒙古	3,263	3,110	2,438	2,299	4,686	4,132	-36.3	-12.3	148.6
遼寧	5,581	5,063	1,338	1,171	5,600	4,854	25.0	13.0	62.0
吉林	2,423	2,206	1,190	996	4,715	3,998	10.0	19.9	70.1
黑龍江	3,699	3,251	1,750	1,577	5,751	4,903	28.0	7.9	64.1
上海	6,531	5,805	1,239	1,086	828	821	92.3	22.2	-14.6
江蘇	12,333	10,456	7,719	6,194	14,773	12,040	27.7	26.4	45.8
浙江	10,100	8,703	6,038	5,046	8,516	7,080	33.3	27.0	39.7
安徽	4,986	4,272	6,384	5,057	20,224	14,775	7.2	16.8	76.1
福建	6,235	4,984	4,295	3,504	8,643	6,764	31.6	19.1	49.3
江西	3,509	2,894	6,262	4,936	15,908	12,189	9.7	23.0	67.3
山東	12,442	10,678	9,209	7,182	25,102	19,760	15.6	23.5	60.9
河南	8,987	7,510	8,966	6,794	33,983	26,386	11.3	20.2	68.5
湖北	7,905	6,302	4,839	3,943	16,903	13,676	28.7	15.3	56.0
湖南	6,380	5,391	8,158	6,387	22,331	17,535	11.1	24.1	64.8
廣東	27,558	20,996	7,383	5,748	18,655	14,645	54.7	13.2	32.1
廣西	4,787	3,909	6,661	5,186	19,441	16,223	15.9	29.3	54.8
海南	1,287	1,029	1,243	900	3,275	2,556	18.5	27.8	53.7
重慶	3,182	2,861	2,330	2,117	4,821	4,102	19.6	10.5	69.9
四川	5,623	4,924	5,589	4,999	20,287	17,958	21.3	14.4	64.3
貴州	2,954	2,427	3,664	2,812	14,067	11,152	11.3	20.8	67.8
雲南	2,677	2,465	5,056	4,396	18,290	16,045	2.6	23.3	74.1
西藏	78	73	204	170	1,002	1,040	0.1	-24.9	124.8
陝西	3,405	3,036	3,389	2,896	9,471	8,077	12.3	22.8	65.0
甘肅	2,105	1,745	1,675	1,256	9,937	7,991	12.2	16.9	70.9
青海	571	510	575	506	1,997	1,773	15.9	21.2	62.9
寧夏	982	871	518	454	2,148	1,865	21.3	13.7	65.0

由表3.21可知，城市和鎮的貢獻率快速升高，鄉村的貢獻率顯著下降。

2010 年，城市的貢獻率為 21.4%，比 2000 年升高 19.7 個百分點，比 2000 年升高 18.8 個百分點，比 2005 年升高 6 個百分點；鄉村的貢獻率為 57.8%，比 2000 年下降 38.5 個百分點；城市和鎮的貢獻率合計為 42.2%，比 2000 年升高 38.5 個百分點。由此看出，鄉村對全國出生性別比的影響仍然居於主要地位，但是，城鎮的影響呈現顯著增大趨勢。

從各地情況看，城市對出生性別比偏高貢獻率較高的省域是上海、北京、天津、廣東，分別為 92.3%、71.1%、65.3% 和 54.7%，均為城鎮化率較高地區。鎮的貢獻率較高的省域是山西、廣西、河北、海南、浙江，分別為 34.4%、29.3%、28.8%、27.8% 和 27%。鄉村貢獻率較高的省域有內蒙古、安徽、雲南、甘肅和吉林等，分別為 148.6%、76.1%、74.1%、70.9% 和 70.1%。2015 年各省域出生人口偏高的城鄉貢獻率，如表 3.22 所示。

表 3.22　2015 年各省域出生人口偏高的城鄉貢獻率

地區	出生人口（萬人）						貢獻率（%）		
	城市		鎮		鄉村		城市	鎮	鄉村
全國	28,172	25,515	23,121	20,066	41,781	36,393	16.2	30.8	53.0
北京	1,133	999	67	83	141	134	165.1	-56.2	-6.1
天津	517	468	65	59	144	138	112.9	13.0	-25.5
河北	885	840	1,491	1,322	2,707	2,304	-4.5	25.1	79.4
山西	674	632	624	559	1,086	981	-3.7	42.4	59.6
內蒙古	481	463	464	418	466	419	-72.1	83.7	88.3
遼寧	855	776	235	181	473	446	39.9	66.9	-6.8
吉林	427	413	258	176	391	362	-26.5	123.6	6.5
黑龍江	365	341	265	261	466	379	0.3	-30.8	130.3
上海	951	889	193	150	122	113	-0.7	97.4	3.3
江蘇	1,759	1,554	1,425	1,248	1,517	1,299	30.7	28.6	40.6
浙江	1,541	1,478	874	810	856	802	118.0	-21.7	6.2
安徽	835	757	1,249	1,146	2,553	2,345	27.6	25.1	48.4
福建	1,269	1,111	1,013	888	1,396	1,266	43.7	34.3	22.6
江西	595	535	1,153	990	1,712	1,456	8.3	34.7	57.0
山東	2,127	2,068	1,958	1,684	3,181	2,902	-59.1	107.5	52.2
河南	1,151	1,048	1,678	1,404	3,416	2,927	6.1	35.9	58.0
湖北	1,387	1,274	854	768	1,803	1,642	23.1	31.2	44.6
湖南	1,075	944	1,561	1,228	2,314	1,874	10.5	39.9	49.8
廣東	4,349	3,701	1,318	1,111	2,773	2,252	44.1	14.7	41.2
廣西	1,027	834	1,108	938	2,453	2,047	26.8	20.8	52.4
海南	258	230	201	187	441	371	20.6	1.6	76.1

表3.22(續)

地區	出生人口（萬人）						貢獻率（%）		
	城市		鎮		鄉村		城市	鎮	鄉村
重慶	704	621	355	333	535	460	48.8	−1.6	52.8
四川	1,031	1,005	1,285	1,182	2,482	2,038	−15.9	7.3	108.3
貴州	420	443	754	685	1,586	1,434	−289.4	112.8	276.6
雲南	686	645	992	833	2,303	2,033	−1.8	44.7	56.7
西藏	23	19	34	22	245	197	5.5	21.6	70.8
陝西	556	495	646	528	949	836	16.2	49.7	33.4
甘肅	301	239	346	292	1,057	918	29.3	21.7	48.4
青海	75	84	115	100	253	219	−126.2	67.9	158.4
寧夏	180	131	116	96	287	278	95.6	31.9	−25.1

由表3.22可知，鎮的貢獻率持續升高，城市和鄉村的貢獻率略有下降。2010年，城市的貢獻率為16.2%，比2010年降低5.2個百分點，比2000年升高5.1個百分點；鎮的貢獻率為30.8%，比2010年升高10個百分點，比2000年升高17.7個百分點；鄉村的貢獻率為53%，比2010年降低4.8個百分點，比2000年降低22.8個百分點。雖然鄉村對全國出生性別比的影響在逐漸下降，但是仍然居於主要地位，鎮的影響進一步增大。

從各地情況看，城市對出生性別比偏高貢獻率較高的省域是北京、浙江、天津和寧夏，分別為165.1%、118%、112.9%和95.6%。鎮的貢獻率較高的省域是吉林、貴州、山東和上海等，分別為123.6%、112.8%、107.5%和97.4%。鄉村貢獻率較高的省域有貴州、青海、黑龍江和四川等，分別276.6%、158.4%、130.3%和108.3%。

3. 各省域出生性別比偏高的孩次貢獻率

下面計算分孩次的出生性別比對總出生性別比偏高的貢獻率。設第i孩出生的女孩數為f_i，男孩數為m_i，其他假設同前。那麼，第i孩對總出生性別比偏高的貢獻率可表示為：

$$r_i = (m_i - 1.07f_i)/(m - 1.07f) \times 100\% \quad (3-5)$$

計算出2000年各省域出生人口偏高的孩次貢獻率，如表3.23所示。

表 3.23　2000 年各省域出生人口偏高的城鄉貢獻率

	出生人口（萬人）						貢獻率（%）		
	一孩		二孩		三孩及以上		一孩	二孩	三孩及以上
	男	女	男	女	男	女			
全國	416,004	388,367	185,898	122,363	42,706	26,798	0.6	79.1	20.2
北京	3,502	3,113	508	390	29	22	64.0	33.9	2.0
天津	2,558	2,407	837	608	46	31	-9.6	102.6	7.1
河北	21,703	20,799	12,404	8,420	1,373	732	-16.1	98.9	17.2
山西	11,171	10,666	6,282	5,186	1,750	1,180	-24.7	74.9	49.8
內蒙古	8,685	8,347	2,177	1,701	203	152	-163.1	236.4	26.7
遼寧	13,040	12,258	3,538	2,596	240	139	-9.8	98.0	11.8
吉林	7,504	7,005	1,379	1,126	153	93	3.7	73.7	22.6
黑龍江	11,107	10,476	1,504	1,306	158	27	-165.9	172.8	93.1
上海	3,917	3,515	524	343	34	16	47.3	47.6	5.1
江蘇	24,226	21,592	3,673	1,865	517	186	36.0	53.8	10.2
浙江	16,082	14,987	5,066	3,826	359	202	4.0	83.7	12.3
安徽	22,459	20,432	10,456	5,088	946	377	9.7	81.5	8.8
福建	11,725	10,768	4,298	2,726	462	214	11.2	76.0	12.8
江西	15,914	13,778	7,943	3,902	1,624	783	20.5	65.8	13.7
山東	32,512	30,591	13,718	10,333	706	432	-8.2	99.1	9.1
河南	33,847	32,411	21,740	11,206	3,061	1,393	-7.9	93.0	15.0
湖北	15,236	13,793	5,967	2,897	473	242	13.4	80.6	6.0
湖南	18,707	17,203	10,513	6,049	1,147	675	6.3	84.8	8.9
廣東	25,794	21,982	12,329	6,861	6,305	3,406	22.9	50.3	26.8
廣西	15,473	14,093	8,111	5,050	3,425	1,827	8.6	59.2	32.2
海南	2,625	2,352	1,505	902	919	485	10.3	51.5	38.2
重慶	8,474	7,878	3,039	2,260	581	306	4.8	67.6	27.6
四川	25,390	23,186	8,896	6,654	2,444	1,723	19.6	60.1	20.3
貴州	14,405	16,325	9,979	8,148	6,023	4,384	651.7	-268.2	-283.4
雲南	18,137	17,619	13,166	11,194	3,695	2,839	-63.3	105.1	58.1
西藏	653	699	501	499	701	706	52.1	18.1	29.9
陝西	10,351	9,778	4,962	2,685	647	290	-4.8	90.3	14.5
甘肅	8,360	8,266	4,953	3,140	1,024	607	-32.7	107.4	25.3
青海	1,978	2,064	1,088	920	460	422	194.6	-87.5	-7.1
寧夏	2,441	2,366	1,263	1,058	754	704	-220.8	319.1	1.8

由表 3.23 可知，2000 年，中國出生性別比偏高，一孩貢獻率只有 0.6%，二孩貢獻率最大，達到了 79.1%，三孩及以上貢獻率為 20.2%，其中，二孩貢獻率占據絕對地位。從各地情況看，在出生性別比偏高的省域中，一孩貢獻率

最大的是貴州、青海、北京、西藏和上海等，分別達到 651.7%、194.6%、64%、52.1%和47.3%；二孩貢獻率最大的是寧夏、內蒙古、黑龍江、甘肅和雲南等，分別達到了 319.1%、236.4%、172.8%、107.4%、105.1% 和 102.6%；三孩貢獻率較大的是黑龍江、雲南和山西，分別達到 93.1%、58.1%和49.8%。2010 年各省域出生人口偏高的孩次貢獻率，如表 3.24 所示。

表 3.24 2010 年各省域出生人口偏高的孩次貢獻率

	出生人口（萬人）						貢獻率（%）		
	一孩		二孩		三孩及以上		一孩	二孩	三孩及以上
	男	女	男	女	男	女			
全國	393,690	346,176	210,629	161,666	47,754	30,145	30.5	49.3	20.3
北京	5,739	5,348	1,025	745	115	41	5.3	72.2	22.5
天津	3,418	3,058	1,048	875	106	57	48.2	36.9	14.9
河北	23,654	21,704	15,459	12,001	2,623	1,452	10.5	63.6	26.0
山西	9,455	8,404	5,297	4,909	865	499	55.2	5.3	39.5
內蒙古	7,140	6,653	2,985	2,719	262	169	12.0	42.5	45.6
遼寧	9,590	8,679	2,635	2,259	294	150	46.3	33.3	20.4
吉林	6,298	5,408	1,803	1,651	227	141	82.0	5.8	12.2
黑龍江	8,951	7,730	2,057	1,839	192	162	86.3	11.3	2.4
上海	6,687	6,288	1,676	1,305	235	119	-11.9	80.8	31.1
江蘇	23,157	20,176	10,050	7,444	1,618	1,070	38.0	50.5	11.5
浙江	15,543	14,168	8,083	6,126	1,028	535	16.2	64.6	19.2
安徽	19,417	17,182	10,567	6,278	1,610	644	17.8	66.3	15.9
福建	12,114	10,749	6,159	4,140	900	363	21.5	60.6	17.9
江西	11,968	10,508	10,502	7,537	3,209	1,974	17.0	57.2	25.8
山東	30,616	27,000	14,194	9,805	1,943	815	26.6	57.0	16.5
河南	27,263	23,094	19,655	14,762	5,018	2,834	30.4	46.0	23.6
湖北	19,467	16,927	8,940	6,200	1,240	794	33.4	56.9	9.6
湖南	20,923	17,462	13,135	10,274	2,811	1,577	40.7	38.9	20.4
廣東	31,282	25,579	17,252	12,437	5,062	3,373	42.0	42.4	15.6
廣西	16,506	14,402	10,415	8,114	3,968	2,802	28.8	45.6	25.5
海南	2,947	2,514	2,043	1,573	815	398	25.5	35.8	38.7
重慶	6,419	5,736	3,209	2,858	705	486	45.6	24.4	30.0
四川	19,224	16,912	9,548	8,759	2,727	2,210	67.7	10.6	21.7
貴州	11,080	10,129	6,738	4,587	2,867	1,675	7.7	58.2	34.2
雲南	14,577	13,388	9,072	7,787	2,374	1,731	16.6	48.9	34.5
西藏	598	555	370	383	316	345	-4.7	44.8	59.8
陝西	10,590	9,255	5,097	4,360	578	394	53.9	33.9	12.3

表3.24(續)

	出生人口（萬人）						貢獻率（％）		
	一孩		二孩		三孩及以上		一孩	二孩	三孩及以上
	男	女	男	女	男	女			
甘肅	7,792	6,595	4,832	3,665	1,093	732	37.6	46.6	15.8
青海	1,661	1,540	1,064	921	418	328	8.3	49.5	42.2
寧夏	1,966	1,833	1,248	1,027	434	330	2.0	63.5	34.5

由表3.24可知，2000年到2010年，一孩貢獻率呈現快速增加趨勢，其中，由2000年貢獻率0.6%急遽增加到30.5%，一孩已經成為影響出生性別比的第二大因素；二孩貢獻率最高，但是呈現下降趨勢，尤其是2010年由2000年的79.1%急遽下降到49.3%；三孩貢獻率則基本保持不變。

由此看出，各孩次對出生性別比的影響已經發生了重大變化，出生性別比失衡正在向一孩轉移。從各地情況看，在出生性別比偏高的省域中，一孩貢獻率最大的是黑龍江和吉林，分別達到86.3%和82%，四川、山西、陝西的一孩貢獻率也超過了50%。二孩貢獻率最大的是上海和北京，分別為80.8%和72.2%；安徽、浙江、河北、寧夏、福建5個省域的二孩貢獻率超過了60%。三孩貢獻率較大的是內蒙古、青海、山西和海南，分別達到39%、35.8%、31.9%、30.2%。2015年各省域出生人口偏高的孩次鄉貢獻率，如表3.25所示。

表3.25 2015年各省域出生人口偏高的孩次鄉貢獻率

地區	出生人口（萬人）						貢獻率（％）		
	一孩		二孩		三孩及以上		一孩	二孩	三孩及以上
	男	女	男	女	男	女			
全國	48,673	44,336	36,959	32,627	7,442	5,010	23.0	38.2	38.8
北京	964	883	357	323	19	10	49.4	29.3	21.4
天津	509	443	204	212	15	10	243.3	-158.8	29.9
河北	2,432	2,270	2,269	1,965	382	231	1.0	54.7	44.3
山西	1,389	1,295	864	803	131	68	5.5	7.9	95.5
內蒙古	843	794	516	491	51	16	-32.9	-46.9	169.4
遼寧	1,120	987	416	394	26	22	103.4	-9.0	4.0
吉林	777	689	276	249	21	11	70.6	17.0	16.4
黑龍江	780	703	301	271	15	5	59.9	23.8	20.8
上海	857	815	388	323	19	13	-45.1	127.1	15.3
江蘇	2,722	2,321	1,789	1,658	190	122	76.2	4.8	19.0
浙江	1,814	1,833	1,310	1,184	146	73	429.5	-125.7	-197.9

表3.25(續)

地區	出生人口（萬人）						貢獻率（%）		
	一孩		二孩		三孩及以上		一孩	二孩	三孩及以上
	男	女	男	女	男	女			
安徽	2,596	2,335	1,798	1,779	241	134	107.6	-116.4	107.7
福建	1,681	1,652	1,788	1,527	208	86	-47.2	84.0	63.2
江西	1,458	1,374	1,544	1,327	458	280	-4.5	45.9	58.6
山東	3,047	3,044	3,864	3,446	353	147	-144.7	121.7	134.8
河南	3,043	2,640	2,584	2,301	618	438	44.6	24.9	30.5
湖北	2,421	2,374	1,513	1,245	98	55	-115.5	175.3	37.9
湖南	2,559	2,054	2,060	1,765	294	226	58.3	27.7	8.4
廣東	4,313	3,724	3,094	2,574	1,032	767	37.2	38.5	24.0
廣西	2,019	1,732	1,867	1,617	701	470	33.0	27.3	39.5
海南	415	414	351	306	134	68	-48.4	40.8	105.9
重慶	907	831	622	529	65	46	22.0	69.1	19.5
四川	2,773	2,473	1,694	1,436	331	316	45.6	56.6	-2.6
貴州	1,432	1,489	1,012	867	315	206	-864.0	451.8	506.9
雲南	2,040	1,849	1,560	1,385	381	276	27.3	34.7	38.0
西藏	106	95	103	71	94	73	9.0	55.9	32.9
陝西	1,260	1,052	802	749	90	51	82.5	0.3	21.7
甘肅	900	793	625	546	179	110	33.3	26.4	39.7
青海	201	197	169	152	74	54	-83.0	53.9	137.6
寧夏	277	248	216	192	89	64	27.9	25.4	49.3

由表3.25可知，2000年到2010年再到2015年，一孩貢獻率在快速增加到30.5%之後又回落到23%；二孩貢獻率從2000年的79.1%回落到2010年的49.3%之後繼續回落，2015年為38.2%；三孩貢獻率則在2010年之後快速上升，2015年達到了38.8%。上述數據表明，各孩次對出生性別比的影響在2010—2015年發生了顯著的變化，出生性別比失衡從一孩轉移到三孩。

從各地情況看，在出生性別比偏高的省域中，一孩貢獻率最大的是浙江和天津，分別達到429.5%和243.3%，安徽、遼寧、陝西等的一孩貢獻率也超過了80%。二孩貢獻率最大的是貴州和湖北，分別為451.8%和175.3%，上海、山東、福建等省域的二孩貢獻率也都超過了80%。三孩貢獻率較大的是貴州、內蒙古、青海和山東等省域。

綜上所述，20世紀80年代以來，中國出生性別比空間特徵如下：

（1）性別比失衡持續時間較長，持續近40年，出生性別比失衡問題出現了代際延續特徵，雖然當前出生性別比有降低的趨勢，但大多數省域仍處於中

度失衡；出生性別比失衡的地理空間逐漸由局部省區向全國範圍蔓延，由中東部地區逐漸向西部地區擴散。出生性別比失衡的空間集聚特徵較為明顯，且隨著時間的推移，空間集聚的持續性和累積性越來越明顯。

（2）在歷次的人口普查中均發現，各省域出生性別比存在著較大差異。1980—2010年30年之間，性別失衡表現為逐漸攀升且越來越嚴重，從東中部逐漸蔓延到西南及西北部，從以農業人口為主的省域逐漸蔓延到大城市，重度失衡的省域越來越多。部分省域出生性別比偏離正常值域距離越來越遠，出現了梯級遞進惡化的現象，逐漸向正常→輕度失衡→中度失衡→重度失衡發展。2000—2010年的10年間，中國大陸地區的31個省域中，有13個省域的出生性別比有不同幅度的降低，16個省域的出生性別比有不同程度的上升，其餘2個省域基本未變，這種現象打破了以往各高度一致、相同方向、攀高變化的格局，省域出生性別比走向出現了有升有降的分化，並且升降幅度最大的都是出生性別比失衡程度高的省域。2010—2015年，各省域出生性別比步入下降通道，大多數省域有較大幅度的回落，迴歸中度或輕度失衡，表明針對中國出生性別比綜合治理的成效逐步顯現，預計2015年之後，隨著「全面二孩」生育政策的放開，各省域的出生性別比會進一步回落。

（3）從Moran指數來看，出生性別比在空間上具有「高—高」「低—低」相似值省域集聚的特點，其中高點集聚集中在廣東、湖南、湖北、江西、安徽等出生性別比失衡嚴重的省域，形成了連點成片的發展態勢，應建立這些省域之間的協作機制，採取跨區域的治理思路，有針對性地對這些重點區域進行綜合治理，從而提高政策的有效性並降低治理成本。

（4）隨著生育意願的下降，人們在一孩生育男孩的動機比較強烈，受到政策管理等因素的影響，通過二孩生育男孩的動機相對減弱，成功率也在下降；而對於對男孩具有強烈願望的人群，通過生育三個孩子達到男孩的目的，仍然是一個嚴峻的現實。

4 中國省域出生性別比影響因素的實證分析

4.1 變量選取與數據來源

出生性別比值域是一種相對獨立、穩定、少受人為因素以外的因素影響而發生變化的，具有很強生物屬性傾向特徵的自然化指標。因此，中國出生性別比長時間、大範圍的異常反應了基本人口發展過程中的人口性別結構異常，反應了兩性所具有的社會生存條件的異常，其背後有著深刻的、複雜的原因（湯兆雲，2004）。一般認為，中國出生性別比偏高已經持續了三十多年，是由多方面因素共同影響所造成的，主要包括經濟因素、社會因素、文化因素及政策因素等。在中國固有男孩偏好的生育文化背景下，這些因素促使人們通過現代醫療技術人為對胎兒的性別進行選擇，從而造成中國長時間多區域的出生性別比偏高。在第一章文獻綜述和第二章基礎理論及作用機制分析的基礎上，考慮數據的可獲得性和代表性，本章選取以下指標代表上述因素進行實證研究。

1. 經濟因素

觀念的改變有賴於物質基礎的變遷，經濟發展水準的高低決定了該地區的物質基礎。男孩偏好及出生性別比的長期偏高不僅與傳統文化生育觀念和人口計劃生育政策息息相關，而且從根本上來講，是落後經濟發展的產物。因此，經濟因素是性別偏好產生及出生性別比偏高的基礎和根本原因。

本書採用地區人均生產總值（GDP）作為經濟因素的指標，依據第 2 章基礎理論及作用機制分析可知，這一影響因素與當地的社會文化發展情況和基礎設施的建設情況緊密相關，各地區經濟發展水準的差異使得各地區的出生性別比的失衡程度不同，經濟因素對出生性別比的影響存在時空異質性和不確

定性。

2. 社會因素

社會因素主要包括生育政策、女性地位、生育文化以及社會保障制度等。

第一，中華人民共和國成立以來，中國生育政策經歷了醞釀、逐步形成、收緊、確立和法制化以及調整的發展演變過程，逐步形成了以「城鄉二元」「地區多元」和「民族多元」為主要特徵的多層次生育政策法規體系和鮮明的差異性和多樣性。自20世紀70年代初期實施以來，中國計劃生育政策已經走過了近50個年頭，隨著人口發展形勢的變化，生育政策也不斷調整完善。2013年黨的十八屆三中全會啟動實施一方是獨生子女的夫婦可生育兩個孩子，簡稱「單獨二孩」政策，逐步調整完善生育政策，促進人口長期均衡發展，邁出了中國人口政策調整的第一步。2015年黨的十八屆五中全會進一步提出，促進人口均衡發展，堅持計劃生育的基本國策，完善人口發展戰略，全面實施一對夫婦可生育兩個孩子政策，簡稱「全面二孩」政策。全面放開二孩生育政策縮小了生育政策差異，符合「以人為本」的政策精神，使生育自由迴歸理性，更有利於生育權的平等保護。更為寬鬆的生育政策，促進人口長期均衡發展將是未來中國生育政策調整完善的主基調。

生育政策對人們生育行為約束作用的大小很難用一個直接的指標來衡量（茅倬彥，2006）。一方面，一系列的生育政策調整，必然會對家庭的生育行為和生育觀念產生影響，繼而對出生性別比產生影響。計劃生育政策的實施使得生育率迅速下降，擠壓了人們對生育孩子數量的選擇空間，強化了男孩偏好。生育政策所規定的生育數量越小，政策貫徹實施強度越嚴格，其對應的人口出生性別比失衡問題就越嚴重（劉華，等，2014）。楊菊花和李紅娟（2015）也從正反兩方面來證實了這一觀點。另一方面，除極少數情況外，出生性別比失衡的國家（地區）都經歷了生育轉變，生育率降至更替水準上下。更替水準的生育率是一個臨界點，在擁有男孩偏好的國家和地區，只要生育率降至更替水準上下，出生性別比失衡似乎在所難免。

因此，本書借鑑茅倬彥（2006）研究採用總和生育率反應生育政策對生育行為，尤其是對生育數量的作用。總和生育率（Total Fertility Rate，TFR）是根據某個時期如某一年的15~49歲的婦女的分年齡生育率（Age-specific Fertility Rates，ASFRs）。總和生育率作為一個時期指標，是各個年齡組的婦女在這個時期的生育行為的集中展現，是各年齡組婦女在這個時期的生育行為的真實寫照（顧寶佳，等，2019）。它是一個標準化分析指標，完全排除了人口性別、年齡結構和育齡婦女年齡結構對生育率水準的影響，並確切反應了婦女

的生育水準和計劃生育政策的執行力度，TFR越低代表政策空間與意願空間的差距越大。

根據李丹等（2017）年的研究可知，1982—2010年中國人口總和生育率呈下降趨勢，全國人口總和生育率由1982年的2.92下降到2000年的1.22，2010年回升到1.88，但總體呈現下降趨勢。中國的人口總和生育率城鄉差異較為顯著，鄉村的人口總和生育率遠高於城市的人口總和生育率，城市的人口總和生育率處於偏低的狀態，從總體上來看，說明中國的TFR在空間分佈上極為不均，存在空間集聚特徵，各省域人口總和生育率時空差異顯著，經濟越發達的區域TFR越低，經濟發展程度較低的省份TFR較高。

生育政策的差異性主要取決於民族、戶籍性質等因素，國家在推行計劃生育政策時，始終照顧中國少數民族的實際情況，無論是在民族自治區域，還是在少數民族散居的區域，均實行寬於漢族的生育政策。各地農村的少數民族，每對夫婦都可以生育二孩。新疆維吾爾自治區的維吾爾、哈薩克等少數民族夫妻，凡第一、第二個孩子均為女孩的，可以生育第三個孩子；一些人口較少的少數民族或者邊境地區的少數民族農牧民，實行生育三孩政策；一些人口特別稀少的少數民族實行不限制生育胎次的政策。《中華人民共和國人口與計劃生育法》立法時，延續了對少數民族的照顧，實行寬於漢族的生育政策（馮立天，等，1999；張正雲，2016）。因此，本書以少數民族人口占比（ETH）作為生育政策的衡量指標之一。

第二，大量研究表明，女性經濟地位的相對低下是造成人口出生性別比升高的基本社會動因（陳衛和吳麗麗，2008）。女性經濟和社會地位的提升，一方面使得來自社會的性別歧視有所下降，另一方面會對家庭在生育決策中性別選擇產生影響。由於女性的經濟和社會回報增加，進而提高了家庭生育女孩的效用，女性社會地位的提高既能增強女性在家庭決策中的話語權，又會削弱人們對於生育男孩的偏好。本書採用國際上衡量女性社會經濟地位的常用指標——女性平均受教育年限（EDU_F）來衡量女性地位。

通常而言，文化程度越高的家庭和女性，越容易接受新型生育文化，越容易擺脫傳統生育觀念對現行生育行為的影響。如果組成家庭成員的生育雙方學歷越高，受教育年限越長，那麼越容易相互達成統一的新型生育觀念。尤其是家庭女性的受教育程度越高，通常來說就會擁有越高的社會經濟地位，對生育行為就會有較高的支配權，最終體現為人口出生性別比的下降。綜上，女性地位與出生性別比之間存在負相關關係，即女性地位的提升將有助於緩解出生性別比失衡的問題。

第三，社會保障制度本身是社會政策的一部分。社會保障體制的不足或缺陷，會直接影響社會某項或多項事業的順利發展。在中國，養老保障制度和醫療衛生保障制度的不健全，是導致出生性別比失衡嚴重的重要原因之一。社會保障制度的完善，可以在一定程度上消除人們的男孩偏好，從而減緩出生性別比的升高，本書以農村每萬人擁有養老機構數（INS）指標來表示社會保障制度的完善程度。

第四，生育文化。王文卿和潘綏銘（2015）研究發現，對於中國農村這個特殊的場域來說，它具有顯著的封閉性和同質性。由於這一特性，儘管在過去的百年左右中國社會發生了翻天覆地的變化，但是部分地區的農民所經歷的社會軌跡並沒有發生多大的變化。由於可能性空間的限制，農村人口往往比城市人口更男孩偏好對強烈，因為農業生產需要男勞動力，而且農民缺乏社會養老保險，養兒防老是他們的現實需要。中國對於男孩的強烈偏好植根於農業文明，一個地區從事農業生產的人口比重越大，該地區可能受到農業文明中「重男輕女」傳統文化觀念影響的程度就越主。因此，本書以第一產業（農林漁牧）從業人口比例（AGR）表示各地區男孩偏好的強弱。

3. 醫療因素

通常來說，對於非醫學需要的胎兒性別鑒定和性別選擇必須依賴於發達的醫療技術水準才能得以實現。中國具有廣泛的男孩偏好，若不借助現代精確的胎兒性別鑒定技術，也無法人為控制出生嬰兒的性別，因此，醫療技術對出生性別比的影響也需考慮在內。醫療服務水準對人口出生性別比的影響作用路徑主要體現在隨著醫療服務水準的提高，早產、流產的比例不斷下降，相關醫學研究表明，男性胎兒早產、流產概率遠大於女性胎兒，加之B超和人工流產等技術的發展和推廣，為有意進行生育性別選擇的人提供了技術可能，進而導致出生性別比升高。由於現階段沒有統計性別鑒定的儀器數量，因此以各地區每萬人醫療機構數（MED）反應醫療水準，以期識別性別選擇性生育技術可行與可及性對人口出生性別比的影響。

關於數據來源，中國關於人口變動情況的抽樣調查制度是每十年進行一次抽樣比例為總人口的10%的人口普查，每五年進行一次抽樣比例為總人口的1%的人口抽樣調查。由於中國人口眾多，不可能掌握總體的出生性別比數據，只能通過樣本數據來推斷總體。要推斷總體出生性別比就要求樣本的規模足夠大（喬曉春，2006）。因此，本書選取1982—2010年四個人口普查年份的數據，以及中國各省域的人口總和生育率為研究對象，其中臺灣、香港特別行政區和澳門特別行政區，由於數據缺乏不予研究。本書的實際研究範圍為大陸的

29個省級行政單位，包括20個省、5個自治區以及4個直轄市。其中海南於1988年建省，重慶於1997年建市，缺乏建省、建市前的相關統計資料，所以本書的研究對象並不包括海南省，並將重慶與四川進行了合併。

上述變量數據來源於歷次人口普查和人口抽樣調查數據、《中國統計年鑒》《中國民政統計年鑒》《1949—1992年民政統計歷史資料匯編》《中國人口統計年鑒》《中國人口和就業統計年鑒》。地理空間數據來源於國家基礎地理信息中心全國行政區劃矢量地圖，空間權重矩陣和地理坐標均以該行政區劃圖為依據，並將其作為地理空間分析的基礎。

對如上出生性別比失衡的主要影響因素及其效應總結，如表4.1所示。

表4.1 出生性別比失衡的主要影響因素變量及其預期效應

影響因素	指標	預期作用	變量符號
經濟發展水準	人均GDP	不確定	GDP
生育政策	總和生育率	負	TFR
	少數民族人口占比	不確定	ETH
女性地位	女性平均受教育年限	負	EDU_F
生育文化	第一產業從業人口比例	正	AGR
社會保障	農村每萬人養老機構數	負	INS
醫療技術	每萬人醫療機構數	正	MED

4.2 變量描述性分析

各變量的描述性統計信息如表4.2所示。

表4.2 變量描述性統計信息

變量	平均值	中位數	最小值	最大值	標準差
出生性別比	112.9	110.6	97.4	138	8.25
人均生產總值（元）	11,248	4,199	242	77,259	16,414
總和生育率	1.88	1.63	0.67	5.23	
少數民族人口占比	0.15	0.04	0.00	0.96	0.92

表4.2(續)

變量	平均值	中位數	最小值	最大值	標準差
女性平均受教育年限（年）	6.27	6.48	1.14	11.38	2.02
第一產業從業人口比例	0.61	0.66	0.03	0.86	0.20
每萬人擁有醫療機構數	3.73	2.6	1.06	16.53	2.75
農村每萬人擁有養老機構數	3.35	3.67	0.05	8.28	2.03

被解釋變量與各解釋變量之間的相關係數和散點圖，如表4.3和圖4.1所示。

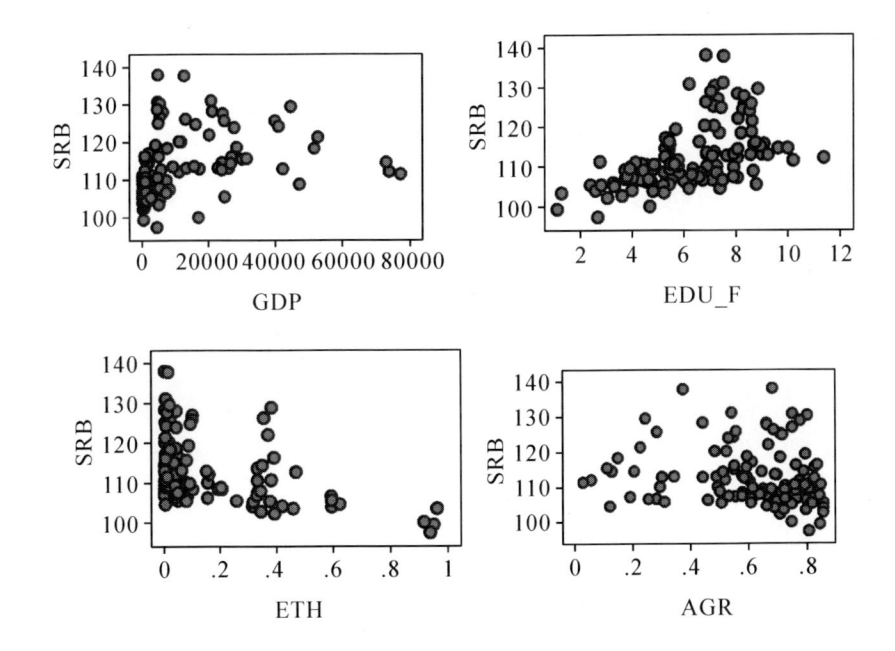

表4.3 被解釋變量與各解釋變量的相關係數

變量	GDP	TFR	ETH	EDU_F
相關係數	0.336	-0.490	-0.405	0.524
變量	AGR	INS	MED	
相關係數	-0.173	0.196	0.134	

4 中國省域出生性別比影響因素的實證分析 113

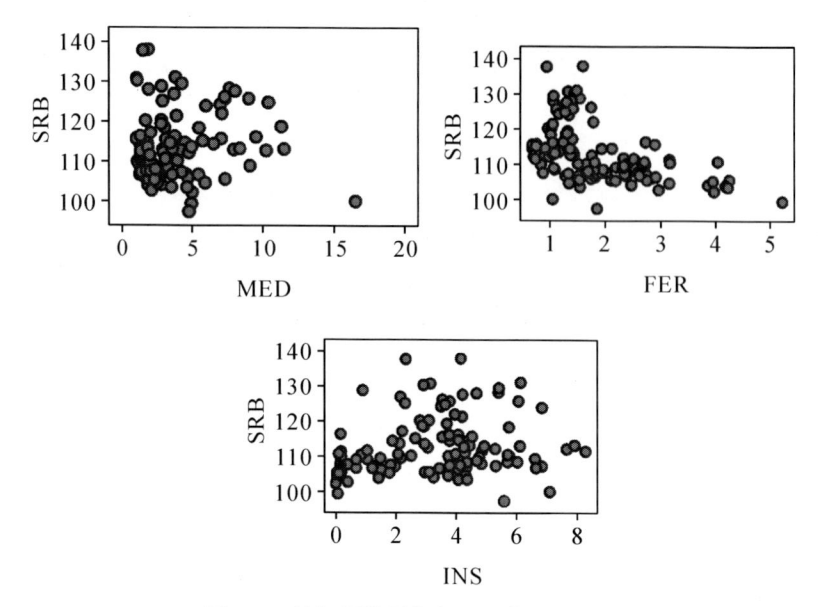

圖 4.1　被解釋變量與各解釋變量的散點圖

由表 4.3 和圖 4.1 可知，解釋變量和被解釋變量在數據分佈上存在一定的時空差異，出生性別比與人均 GDP、女性平均受教育年限呈正相關關係，與少數民族人口占比、總和生育率呈負相關關係，與第一產業從業人口比例呈弱負相關關係，與農村每萬人養老機構數、每萬人醫療機構數呈弱正相關關係。

4.3　模型設定

根據上文的分析，選取各地區各普查年份的出生性別比（SRB）作為被解釋變量，選取地區人均生產總值（GDP）、少數民族人口占比（ETH）、女性平均受教育年限（EDU_F）、第一產業從業人口比例（AGR）、每萬人擁有醫療機構數（MED）、總和生育率（TFR）和農村每萬人擁有養老機構數（INS）作為解釋變量。

中國自 20 世紀 80 年代以來，出生性別比持續走高逐漸偏離正常值範圍，出生性別比的上升趨勢在時空上都表現出了較大的差異性。中國地域遼闊，不同區域在社會發展水準及思想觀念上存在顯著差異，且自改革開放以後，社會經歷了巨大的變革，同時也增大了區域間社會經濟發展速度的差距，從而造成中國出生性別比及其影響因素具有時空上的異質性。同時，通過前文針對中國

各省域出生性別比的空間自相關分析,發現出生性別比的空間分佈表現為顯著的空間聚集特徵,樣本之間並非獨立同質,這一特性無法滿足經典迴歸模型的應用前提。因此在利用省域層面數據考察出生性別比影響因素時,需要選擇同時納入空間自相關性和空間差異性的空間計量模型進行估計,這樣才能更為準確。空間計量模型中的空間變系數模型(也稱為地理加權迴歸模型或局部迴歸模型)可以較好地反應出變量間相互影響和時空異質性的動態變化,因此本節著重採用空間變系數模型進行實證研究。

人口普查每十年進行一次,因此本書所研究的數據僅有4個年份,當面板數據的時間維度T較小,而樣本量n較大時,這種面板數據被稱為短面板(陳強,2010),這種面板數據的固定效應和隨機效應也並不明顯。所以,本書將分別運用混合OLS模型、地理加權迴歸模型(GWR)、時間加權迴歸模型(TWR)和時空地理加權迴歸模型(GTWR)分析各因素對中國省域出生性別比失衡的影響。

對於混合OLS模型,模型設定為:
$$Y = \alpha + \beta X + \varepsilon \qquad (4-1)$$

式(4-1)中,Y為出生性別比(SRB),X為影響出生性別比的社會、經濟、文化等因素,ε為隨機誤差項。地理加權迴歸模型引入空間因素,設定一個最優帶寬,利用局部多項式光滑技術,計算出每個解釋變量系數在各地理區域的局部估計值,以識別出解釋變量對被解釋變量影響在空間上的差異,具體形式如下:

$$y_i = \beta_0(u_i, v_i) + \sum_{k=i}^{p} \beta_k(u_i, v_i) x_{ik} + \varepsilon_i \qquad (4-2)$$

式(4-2)中,解釋變量對被解釋變量的影響,除了會隨空間變化而變化,時間因素也會導致對參數的估計產生異質性。時間加權迴歸模型充分考慮時間的效應,將時間因素納入考量,以檢測不同時點上的異質性,具體形式如下:

$$y_i = \beta_0(t_i) + \sum_{k=i}^{p} \beta_k(t_i) x_{ik} + \varepsilon_i \qquad (4-3)$$

時空地理加權迴歸模型構建時空權重矩陣,綜合考慮時間與空間兩個維度的共同影響,提出了可以同時探測時空異質性的模型,更加全面地反應出解釋變量對被解釋變量影響的時空變異性,模型的標準形式如下:

$$y_i = \beta_0(u_i, v_i, t_i) + \sum_{k=i}^{p} \beta_k(u_i, v_i, t_i) x_{ik} + \varepsilon_i \qquad (4-4)$$

式(4-4)中,(u_i, v_i)為第i個樣本的空間位置信息,可以用經緯度表

示，t_i 為第 i 個樣本的時間信息，$\beta_k(z_i)$ 是第 i 個樣本第 k 個迴歸參數關於時空信息的函數，ε 為隨機誤差項，$\varepsilon_i \sim N(0, \sigma^2)$，$\text{cov}(\varepsilon_i, \varepsilon_j) = 0$（i≠j）。

4.4 實證結果及分析

4.4.1 OLS 迴歸模型結果

一般而言，對於短面板數據，不考慮變量的平穩性問題（李國柱，等，2018；俞立平，等，2018）。因此，本書將變量平穩性的檢驗省略，首先利用混合 OLS 迴歸模型，測算社會、經濟、文化等因素對出生性別比偏高的影響，經 Stata14.0 計算得到的估計結果，如表 4.4 所示。

表 4.4 混合 OLS 迴歸模型的估計結果

變量	參數估計值	t 統計量	標準誤差	p 值
Intercept	60.74	7.40	8.21	0.000***
GDP	5.38	6.62	0.81	0.000***
TFR	4.63	1.69	2.73	0.093*
ETH	-1.43	-4.20	0.34	0.000***
EDU_F	5.91	2.23	2.65	0.028**
AGR	5.76	6.10	0.94	0.000***
INS	-1.08	-2.34	0.46	0.021**
MED	-4.57	-3.13	1.46	0.002***
R^2	0.56			
AIC	737.39			

註：Intercept 為截距項，*、**、*** 分別表示在 10%、5% 和 1% 的顯著性水準上通過檢驗。

表 4.4 的結果顯示，混合 OLS 迴歸模型的模型擬合結果中，可決系數 R^2 為 0.56，AIC 值為 737.39，說明混合 OLS 迴歸模型擬合效果一般。模型中的所有解釋變量均通過了 10% 的顯著性檢驗，其中，人均地區生產總值（GDP）、女性平均受教育年限（EDU_F）、第一產業從業人口比例（AGR）、總和生育率（TFR）對出生性別比為顯著正向影響，表明一地區的出生性別比會隨著 GDP、EDU_F、AGR、TFR 的增加而上升；少數民族人口占比（ETH）、農村每萬人擁有養老機構數（INS）、每萬人擁有醫療機構數（MED）為負效

應，則表明這些因素對出生性別比的升高起到了一定的抑製作用。

由如上結果可知，普通的經典面板模型只有一個全局平均意義上的迴歸系數，不能很好地刻畫不同時點各樣本變量相互影響的局部特性，即這一模型並不能反應出生性別比影響因素的時空異質性效應。下面接著採用空間變系數模型，對該問題進行進一步實證分析。

4.4.2 空間變系數模型結果

為了深入探討中國各省域出生性別比影響因素的時空異質性，本節分別從時間、空間和時空角度構建 TWR、GWR 以及 GTWR 局部加權迴歸模型，並對三種空間局部迴歸模型與全局迴歸估計（OLS）的結果進行比較分析，模型估計結果如表 4.5 和表 4.6 所示。

表 4.5　GWR 和 TWR 模型的估計結果

變量	GWR 上四分位數	GWR 中位數	GWR 下四分位數	GWR 全距	TWR 上四分位數	TWR 中位數	TWR 下四分位數	TWR 全距
Intercept	60.37	80.55	92.66	314.48	106.41	110.71	132.76	85.66
GDP	4.43	17.63	35.66	142.55	-17.70	-5.17	5.28	59.43
TFR	-16.69	1.18	7.94	75.64	-9.55	-2.38	11.03	40.19
ETH	-8.37	-3.96	-1.26	95.32	-17.44	-10.95	-4.31	14.14
EDU_F	7.09	19.32	38.40	164.30	4.85	12.47	18.00	20.67
AGR	11.19	27.51	39.77	279.77	-8.90	0.97	11.23	22.29
INS	-8.97	-5.63	-1.89	44.40	-13.22	-2.67	2.54	57.45
MED	-12.87	-4.98	4.98	58.54	-18.35	-15.90	-13.58	10.06
R^2	\multicolumn{4}{c}{0.86}	\multicolumn{4}{c}{0.74}
AICc	\multicolumn{4}{c}{554.50}	\multicolumn{4}{c}{661.38}
殘差平方和	\multicolumn{4}{c}{795.01}	\multicolumn{4}{c}{1,997.56}
Sigma	\multicolumn{4}{c}{2.62}	\multicolumn{4}{c}{4.15}
帶寬	\multicolumn{4}{c}{399.43}	\multicolumn{4}{c}{1.16}

註：估計結果由 HuangBo 編寫的 GTWR1.0 的 Arcgis 模塊計算所得，由於篇幅限制，本結果表中省略了各變量的 t 檢驗值及其顯著性水準，本表列出的結果均在 10% 顯著性水準下顯著。

表 4.6 GTWR 模型的估計結果

變量	上四分位數	中位數	平均值	下四分位數	全距
Intercept	69.88	95.94	85.42	103.11	582.33
GDP	10.52	15.80	10.93	20.50	148.95
TFR	-7.05	1.98	4.51	13.92	86.61
ETH	-8.53	-4.46	-6.33	-2.79	98.20
EDU_F	-1.39	11.44	26.49	46.07	309.84
AGR	5.08	13.13	13.04	24.95	291.93
INS	-11.60	-2.86	-6.83	-0.02	143.60
MED	-16.39	-11.19	-8.79	-4.73	71.67
R^2			0.89		
AICc			491.14		
殘差平方和			460.43		
Sigma			1.99		
帶寬			551.84		

　　從表 4.5 和表 4.6 三種地理加權迴歸模型的估計結果可知，由於每種模型對估計解釋變量影響的異質性所側重的視角不同，三種空間變系數模型所測算的解釋變量對被解釋變量的作用強弱大小及系數各分位數的正負方向也有一定差異。在 GWR 模型、TWR 模型、GTWR 模型的估計結果中，EDU_F、ETH、AGR 系數的上、下四分位數和中位數的方向一致，MED 在 TWR 模型和 GTWR 模型中，對出生性別比的作用方向也沒有發生變化。而 GTWR 模型中，EDU_F、TFR、INS 三個解釋變量的作用方向則表現出了更多的變異性，各分位數的作用方向不全相同。

　　上述 4 個模型中，同時考慮了時間因素和空間的時空變系數模型（GTWR）對時空數據的適用性大幅增強，同時也具備更加優良的模型擬合優度、模型優良性和模型預測能力。上述四個模型的檢驗指標總結如表 4.7 所示。

表 4.7 空間變系數模型和混合 OLS 模型檢驗指標

模型	R^2	RSS	AICc	Sigma
OLS	0.56			
TWR	0.74	1,997.56	661.38	4.15
GWR	0.86	795.01	554.50	2.62
GTWR	0.89	460.43	491.14	1.99

由表 4.7 可知，從模型的擬合效果及預測準確性上看，可決系數 R^2 越大越好，迴歸標準差、殘差平方和及 AICc 值越小說明模型效果越好。由表 4.6 可知，GTWR 模型的可決系數 R^2 為 0.89，高於 TWR 模型的 0.74 和 GWR 模型的 0.86。殘差是評價一個模型擬合效果好壞的重要指標，殘差越接近於 0，說明模型的預測與真實值之間的差距越小，GTWR 模型的殘差平方和及 AICc 值均最小，說明 GTWR 模型的預測準確性優於 GWR 模型。上述分析表明將社會、經濟、文化等因素對出生性別比影響的時空異質性納入考量範圍之後，對改善本書研究模型的性能有很大助益。

以各人口普查年份為組，繪製 GTWR 模型 29 個省域出生性別比的殘差分佈圖，如圖 4.2 所示。

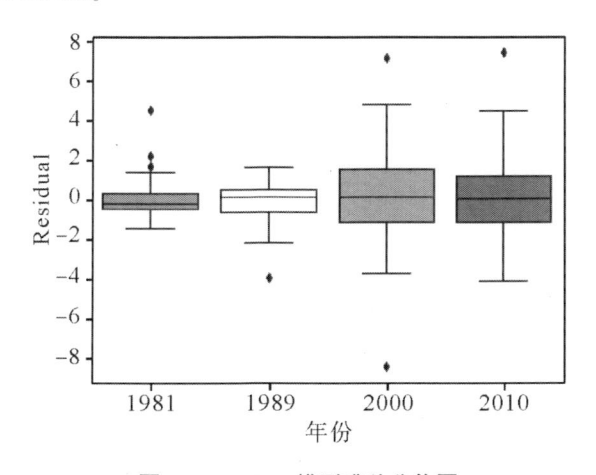

圖 4.2 GTWR 模型殘差分佈圖

由圖 4.2 可知，GTWR 模型中各時期各省域出生性別比的殘差中位數都非常接近於 0，在時間趨勢上沒有明顯的波動，說明 GTWR 模型對於各個年份出生性別比的預測準確性較為穩定，沒有明顯的波動。異常值方面，絕大部分的殘差都集中在上下四分位數之間的箱體內。1981 年有 3 個異常值，1989 年、2000 年、2010 年都僅有 1 個異常值，說明在考慮了時空異質性之後，GTWR 模型表現出了優良的擬合效果。下面對擬合效果最好的 GTWR 模型結果進行分析。

4.4.3 出生性別比影響效應的時空性分析

GTWR 模型作為引入時間與空間兩個視角的局部迴歸變系數模型，可以檢測出解釋變量對被解釋變量的影響在時空上的差異及動態演變趨勢。本節按照

時間和空間兩個維度分別闡述各因素對中國出生性別比影響效應的變化。首先繪製反應各變量迴歸係數的總體分佈情況的概率密度分佈圖，如圖4.3所示。變量迴歸係數的正負效應比較，如表4.8所示。

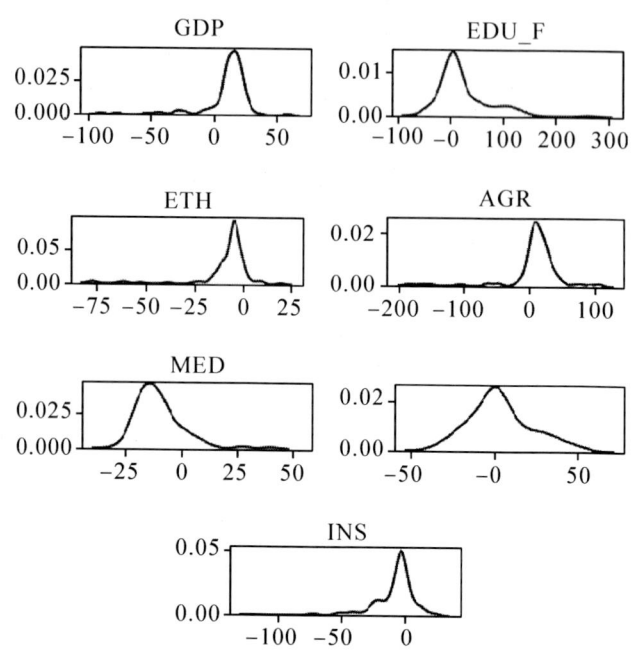

圖4.3 GTWR模型係數概率密度分佈圖

表4.8 GTWR模型係數正負效應比較

占比（%）	GDP	TFR	ETH	EDU_F	AGR	MED	INS
正效應	87.1	60.3	12.9	73.3	83.6	17.2	25.0
負效應	12.9	39.7	87.1	26.7	16.4	82.8	75.0

由圖4.3和表4.8可知，除總和生育率（TFR）迴歸係數分佈為標準正態分佈之外，其餘變量係數的概率密度分佈圖都呈現出偏態及尖峰長尾分佈。其中，人均地區生產總值（GDP）、少數民族人口占比（ETH）、第一產業從業人口比重（AGR）和農村每萬人擁有養老機構數（INS）的係數分佈表現出了左偏的形態，而女性平均受教育年限（EDU_F）和每萬人擁有醫療機構數（MED）的係數分佈則表現為右偏。除了少數民族人口占比（ETH）多為負效應，第一產業從業人口比例（AGR）多為正效應之外，其他解釋變量都呈現出顯著的時空異質性。不同省域各變量係數的時間、空間變化趨勢不盡相同，

下面深入分析在省域維度下,社會、經濟、文化等因素對出生性別比影響的時空異質特徵。

1. 經濟發展對出生性別比影響效應的時空異質性

選取的29個省域各省域在各人口普查年份的GDP迴歸系數結果,如表4.9所示,這一迴歸系數的分佈點圖,如圖4.4所示。

表4.9 29個省域各普查年份GDP變量迴歸系數

省域	GDP（1981年）	GDP（1989年）	GDP（2000年）	GDP（2010年）
北京	18.17	21.63	9.73	17.57
天津	19.6	20.88	12.63	20.43
河北	18.37	17.94	10.67	19.57
山西	15.8	21.33	10.87	26.3
內蒙古	14.05	21.93	2.71	-3.16
遼寧	15.8	25.65	17.99	11
吉林	11.97	11.69	23.87	0.03
黑龍江	7.29	17.01	-20.4	-44.6
上海	29.26	19	13.91	3.31
江蘇	28.35	17.55	19.54	12.88
浙江	26.68	21.13	8.07	3.89
安徽	26.85	16.02	15.94	12.59
福建	20.44	20.68	10.18	15.01
江西	22.85	19.78	10.84	12.36
山東	23.84	22.31	20.36	22.84
河南	21.72	25.83	17.34	23.73
湖北	22.19	23.3	15.86	16.6
湖南	19.55	13.23	16.54	10.27
廣東	13.67	11.15	21.00	16.53
廣西	11.87	16.93	18.48	-22.33
四川	9.65	16.86	14.09	-26.56
貴州	10.84	-2.58	12.82	-27.75
雲南	6.74	37.84	-29.97	-89

表4.9(續)

省域	GDP（1981年）	GDP（1989年）	GDP（2000年）	GDP（2010年）
西藏	17.52	22.89	14.66	-51.79
陝西	14.72	9.16	12.81	28.91
甘肅	11.21	7.64	-9.32	-76.34
青海	10.61	19.08	32.38	1.79
寧夏	10.68	-4.9	11.04	15.27
新疆	59.95	21.57	-8.65	-40.45
負效應（%）	0	7	14	31
正效應（%）	100	93	86	69
中位數	17.52	19.08	12.82	11.00
平均值	18.63	17.67	10.55	-3.14

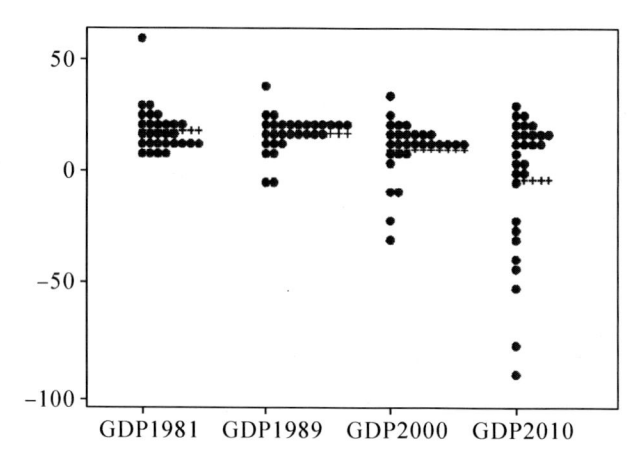

圖4.4　29個省域各普查年份GDP迴歸係數分佈點圖

　　人均地區生產總值（GDP）反應的是省域的整體經濟發展水準。由表4.9和圖4.4可知，總體上，經濟發展對出生性別比的影響主要為正效應，即經濟水準越高出生性別比越低，並且在考慮了時間和空間因素後，經濟水準對出生性別比的影響顯著增大，作用方向及效應在時間和空間上也存在明顯的差異性。

　　時間上，初期階段（1981年）全部省域人均GDP對出生性別比的影響均為正效應，影響強度較小且各省域之間的差異也較小。改革開放40年以來，

中國堅持以經濟建設為中心，銳意推進改革，全力擴大開放，經濟發展步入快車道。由國家統計局數據可知，1978—2017年，中國國內生產總值按不變價計算增長了33.5倍，年均增長9.5%，遠高於同期世界經濟2.9%的年均增速。人均國內生產總值不斷提高，由低收入國家跨入中等偏上收入國家行列。2017年，中國人均國內生產總值59,660元，扣除價格因素，比1978年增長22.8倍。隨著中國經濟的快速發展，其對出生性別比的影響開始在一些省域表現出負向作用，且正向作用強度逐漸減弱，負向作用效應逐漸增強。2010年出現了幾個負向作用強度異常突出的離群點，表明不同省域的經濟發展水準對出生性別比的影響隨著時間的推移，表現出了內部分化的特點。特別是2010年空間差異更為顯著。

如上分析表明，在20世紀80年代，經濟發展水準的提高對中國出生性別比升高起著推動作用，但是進入90年代，特別是步入21世紀以來，城市化和現代化深入推進、社會經濟環境不斷優化、社會物質財富更加豐富，削弱了家庭在生產和生活上對子女的依賴，性別觀念也隨之更趨平等，進而作用於人們的生育行為，男孩偏好進一步弱化，因此經濟與社會發展對出生性別比起到了顯著的抑製作用。這一研究結論與陳友華和徐愫（2009）認為經濟發展水準對於出生性別比的影響呈現倒「U」形類似，即當經濟發展水準足以滿足人們用於支付人為選擇胎兒性別的費用時，會促使出生性別比升高；但當經濟發展達到一定水準，人們的收入水準上升，生育觀念發生變化，社會的養老制度逐漸完善，子女對於父母的效用也隨之下降，會對出生性別比失衡有一定程度的抑製作用。但是，經濟基礎對上層建築起決定的作用，需要通過中間變量來實現。同樣，經濟發展與人們的生育行為、生育意願以及所導致的相關出生性別比問題的關係不僅僅是簡單的線性關係，還受很多其他因素的制約（馬琳，2012）。

經濟發展對出生性別比的作用效應存在顯著的空間異質性，1981年和2010年GDP系數空間分佈如圖4.5所示。

從圖4.5可知，1981年GDP迴歸係數均為正值，表明在1981年經濟發展水準與出生性別比之間的關係正相關，即經濟發展水準的提高促進了出生性別比的進一步升高。經濟發展對出生性別比的影響存在顯著空間集聚特徵。除新疆外，總體而言，東中部省域經濟發展水準對出生性別比的影響大於西部地區的內陸省域。影響效應較大的省域主要為上海、江蘇、安徽、浙江、山東、江西、湖北和河南等，影響效應較小的省域則為雲南、黑龍江、四川、青海、寧夏、貴州與甘肅等。2010年，有9個省域，分別是雲南、甘肅、西藏、黑龍

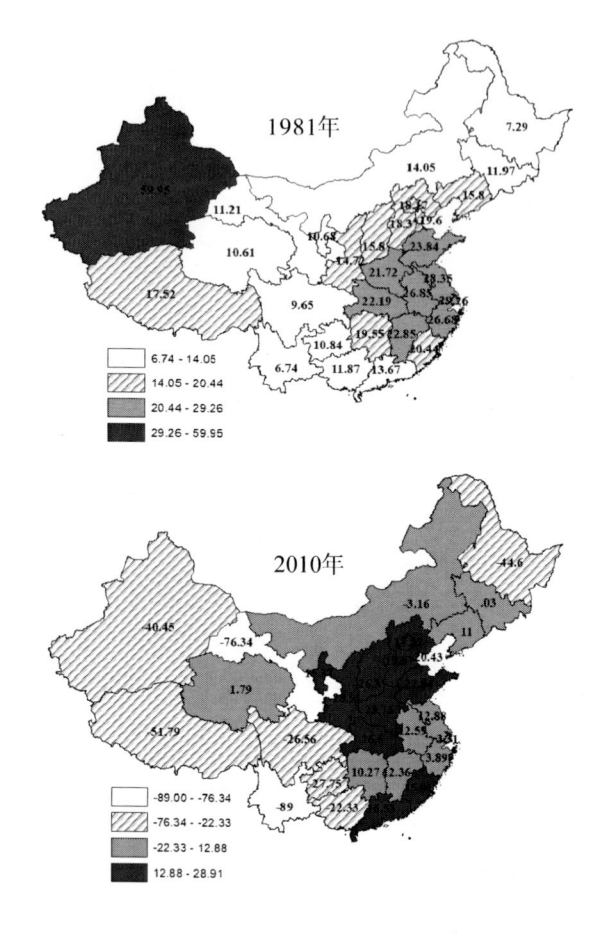

圖 4.5　1981 年和 2010 年 GDP 系數空間分佈圖
圖片來源：國家地球系統科學數據中心。

江、新疆、貴州、四川、廣西和內蒙古，經濟發展對出生性別比的影響效應轉變為負效應，體現為經濟發展對出生性別比產生了一定的抑製作用，這些省域位於西部和東北地區，具有一定的空間集聚特徵。對於 2010 年的中部和東部地區的大部分省域而言，經濟發展對出生性別比的影響依舊是經濟越發達，出生性別比越高。

經典的人口轉變理論認為，經濟社會發展因素是推動生育轉變的根本性力量，但從本書的分析結果來看，中國的社會經濟發展因素與生育轉變進程之間尚未建立時空上的對應關係。經濟發展程度走在全國先進水準的廣東、福建並沒有最先完成生育轉變，相反生育率下降緩慢、出生性別比嚴重偏高。產生這

一現象的主要原因是，雖然東部地區在改革開放初始階段，已在「多生少生」問題上有所共識，但在「生男生女」問題上，認識並沒有發生根本改變，尤其是農村居民傳統的以「男孩偏好」為中心的生育觀點仍然在很大程度上影響著人們的生育行為和選擇。這一現象也表明經濟因素作用於人們的傳統生育意願的過程是緩慢且長期的，生育意願的轉換相對於經濟有所滯後。

2. 總和生育率對出生性別比影響效應的時空異質性

各省域在各人口普查年份的 GDP 迴歸係數結果，如表 4.10 所示，這一迴歸係數的分佈點圖，如圖 4.6 所示。

表 4.10　各普查年份 TFR 變量迴歸係數

省域	TFR1981	TFR1989	TFR2000	TFR2010
北京	2.62	2.48	8.75	17.89
天津	3.77	2.32	11.60	23.01
河北	2.63	1.02	8.95	22.74
山西	0.13	-8.48	-5.27	29.03
內蒙古	0.82	5.96	1.22	-2.89
遼寧	-0.08	6.21	11.31	3.91
吉林	-7.42	6.02	9.82	6.50
黑龍江	-4.93	5.44	5.57	28.57
上海	-4.53	-13.91	21.29	52.62
江蘇	0.18	-10.18	18.06	43.57
浙江	-6.83	-16.97	19.01	51.19
安徽	-0.69	-12.78	12.35	42.73
福建	-6.69	-23.84	13.50	27.16
江西	-2.55	-21.12	9.70	26.50
山東	4.15	-3.18	15.91	34.37
河南	1.23	-11.37	-1.13	35.00
湖北	1.63	-15.03	-0.58	36.21
湖南	3.64	-21.18	0.68	24.59
廣東	0.18	-33.99	-1.32	4.63
廣西	7.89	-29.32	-12.56	16.97

表4.10(續)

省域	TFR1981	TFR1989	TFR2000	TFR2010
四川	5.75	-10.42	-16.44	48.98
貴州	9.68	-18.64	-7.15	38.28
雲南	15.21	-19.65	-20.64	34.25
西藏	11.72	34.39	30.66	-24.24
陝西	0.65	-11.63	-19.45	26.27
甘肅	2.45	-9.56	-22.63	-33.19
青海	2.76	1.10	27.59	41.45
寧夏	0.64	-11.35	-28.19	-3.40
新疆	-7.01	-2.97	-1.46	-14.90
負效應（%）	31	69	41	17
正效應（%）	69	31	59	83
中位數	0.82	-10.42	5.57	26.50
平均值	1.28	-8.30	3.07	21.99

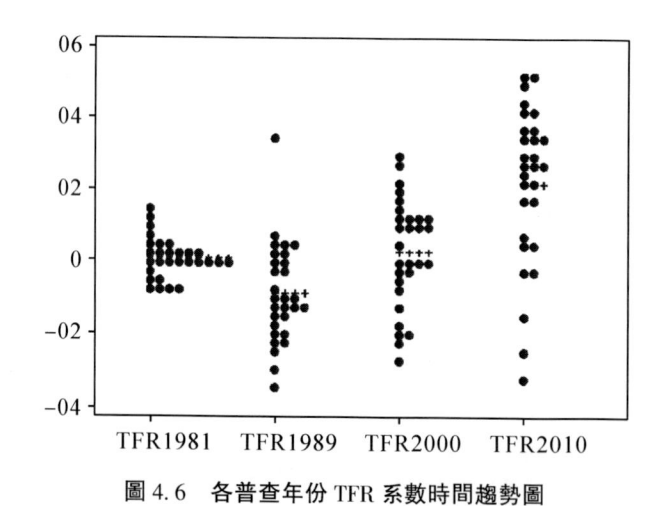

圖4.6 各普查年份 TFR 系數時間趨勢圖

自「計劃生育」政策正式確立為中國的基本國策以來，1982—1984年 TFR 降低，但在 1985—1990年 TFR 有短暫的反彈，整個 20 世紀 80 年代的 TFR 呈現出「雙峰」形（高元祥，1992）。在當時的計劃生育政策剛出抬的背景下，雖然生育水準的變動大趨勢和走向是確定的，但由於中國「第三次生

育高峰」的到來及部分農村地區可生育二孩政策的影響，短時段內生育行為波動也可能會存在。總體上，自中國計劃生育政策正式實施以來，總和生育率持續下降的大趨勢保持了近 20 年。中國的生育水準從 20 世紀 90 年代初期就降到 2.1 的更替水準以下，TFR 在 90 年代末期基本處於「探底」階段，保持在平均 1.5 左右；進入 21 世紀，TFR 在小幅度上升之後趨穩略降，2000 年普查為 1.22，2010 年普查為 1.18，2015 年全國 1% 抽樣調查為 1.05。

本模型中，總和生育率（TFR）對出生性別比的影響系數在 7 個變量中分佈最為離散，雖然沒有明顯的異常值，但其分佈圖的寬度較寬，各年系數的分佈也不對稱，表明數據有偏且樣本之間差距較大。總和生育率對出生性別比的影響效應在研究階段的期初和期末多為正向，中間階段隨著時間演變呈現出顯著變化。其中 1989 年以負效應為主，其影響效應平均值與中位數均為負值。2000 年後則以正效應為主，且正效應範圍逐漸擴大，作用強度也明顯增加，省域之間的空間差異也逐漸增大。納入了時空效應的模型迴歸系數較經典 OLS 而言，作用強度有著顯著的波動性。

從理論上認為，生育率的下降是人為控制生育次數的結果，為滿足人們對孩子的性別要求，常通過放鬆數量限制的途徑，在增加生育次數的機會中達到這一需求。在嚴格的生育數量約束下，得到想要的男孩或女孩，比單純控制數量要複雜、困難得多，因此控制生育性別的願望隨著生育率的下降反而更加強烈。近幾十年來，各種干預和鑒定胎兒性別的方法和設備逐漸普及，為生育性別干預提供了有效的技術手段（楊書章和王廣州，2006）。生育率越低代表政策空間與意願空間的差距越大，對生育空間的擠壓也越大，因此性別失衡也會越嚴重。

對於 2010 年中國大部分省域而言，本書的研究結論與這一理論預期情況並不一致，即生育率越高的地方出生性別比越高。究其原因，主要是因為中國雖然有控制生育數量的計劃生育政策，但是在男孩偏好強烈和相關「技術」可及的情況下，違反這一政策的懲罰成本較低，於是有人冒著不健康和違反政策的風險，在多孩次的生育行為中存在明顯的生育性別干預和選擇。中國的二孩、三孩及以上出生性別比顯著高於一孩出生性別比的現象也說明了這一問題。或者，人們的選擇性生育行為會「前移」，即在較低孩次就進行性別選擇性生育，從而導致較低孩次出生性別比升高。而且，生育率與出生性別比失衡二者之間並不是單向的影響關係。反過來，由於男孩偏好的影響，生育性別控制導致出生性別比失衡，打破了維持總體性別平衡的機制，從而進一步加劇生育率下降。

1981 年和 2010 年總和生育率對出生性別比影響效應的空間分佈如圖 4.7 所示。可知，1981 年 TFR 迴歸系數為負效應的省域有 9 個，其強度絕對值從

大到小依次為：吉林、新疆、浙江、福建、黑龍江、上海、江西、安徽和遼寧，這些省域空間上的集聚特徵並不明顯。在迴歸系數為正效應的省域中，空間集聚效應相對明顯，對出生性別比的影響強度西部地區明顯大於東部地區和中部地區。2010 年，各個省域 TFR 系數的絕對值都有所上升，除廣東以外，各省域 TFR 對出生性別比的作用強度都與其相鄰省域非常接近，表現出 TFR 對出生性別比影響在空間上顯著的集聚特徵。其中，為負效應的省域只有 5 個，其強度絕對值從大到小依次為：甘肅、西藏、新疆、寧夏和內蒙古，全部為西部地區的省域。迴歸系數為正效應的省域，則範圍較廣，包括西部、中部和東部地區的大部分省域。

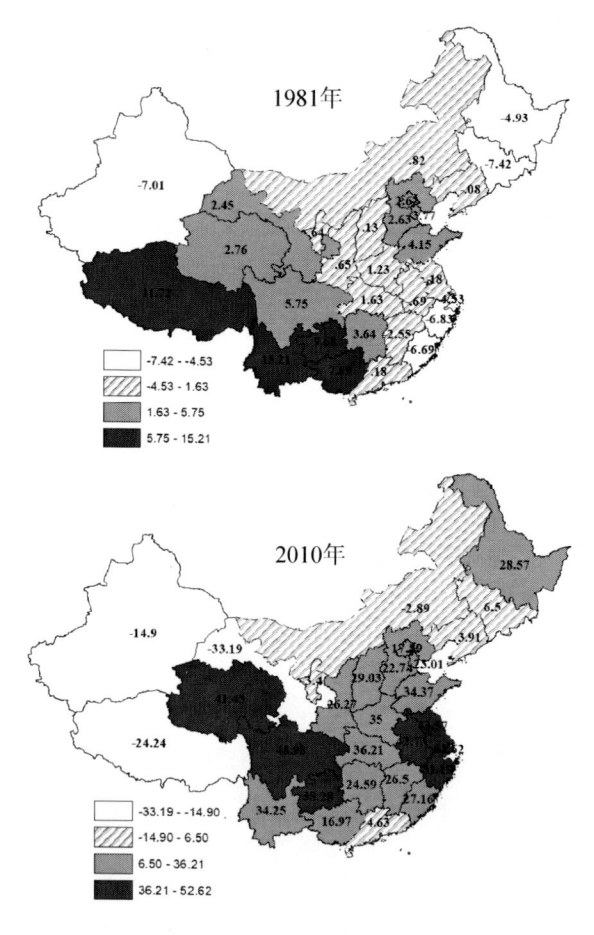

圖 4.7 1981 年和 2010 年 TFR 系數空間分佈圖

圖片來源：國家地球系統科學數據中心。

128 | 中國人口出生性別比及其影響因素的時空異質性研究

3. 少數民族人口占比對出生性別比影響效應的時空特徵

各省域在各人口普查年份的少數民族人口占比迴歸系數結果，如表4.11所示，這一迴歸系數的分佈點圖，如圖4.8所示。

表4.11 各普查年份ETH變量迴歸系數

省域	ETH1981	ETH1989	ETH2000	ETH2010
北京	-3.07	-3.50	-4.16	-9.50
天津	-2.85	-3.59	-4.49	-7.88
河北	-2.97	-3.35	-4.28	-8.50
山西	-3.42	-2.16	-4.89	-7.65
內蒙古	-3.15	-3.38	-4.57	-10.80
遼寧	-4.50	-4.45	-4.72	-15.87
吉林	-4.41	0.19	-0.72	-22.27
黑龍江	4.41	10.58	20.33	0.65
上海	0.70	-3.43	-5.84	-4.85
江蘇	-0.14	-3.31	-5.23	-4.67
浙江	0.25	-3.29	-6.08	-6.08
安徽	-1.31	-3.00	-4.00	-5.68
福建	1.00	-1.83	-11.29	-11.76
江西	-0.46	-2.61	-10.50	-10.86
山東	-1.47	-3.38	-5.16	-4.19
河南	-3.03	-2.44	-3.46	-5.91
湖北	-2.86	-3.64	-5.32	-8.43
湖南	-1.09	-3.37	-11.14	-11.16
廣東	2.33	0.63	-13.30	-15.15
廣西	1.88	-1.41	-14.99	-12.22
四川	-4.08	-6.36	-10.37	-8.61
貴州	-0.18	-3.73	-11.31	-9.42
雲南	-0.38	5.50	0.74	-0.43
西藏	-20.56	-32.19	-39.42	-62.19

表4.11(續)

省域	ETH1981	ETH1989	ETH2000	ETH2010
陝西	-4.48	-3.53	-5.72	-7.69
甘肅	-5.90	-8.28	-10.34	10.26
青海	-7.66	-13.34	-38.09	-25.28
寧夏	-4.68	-4.67	-8.32	-3.79
新疆	7.93	-14.84	-15.62	-77.87
負效應（%）	76	86	93	93
正效應（%）	24	14	7	7
中位數	-2.85	-3.38	-5.72	-8.50
平均值	-2.21	-4.21	-8.35	-12.68

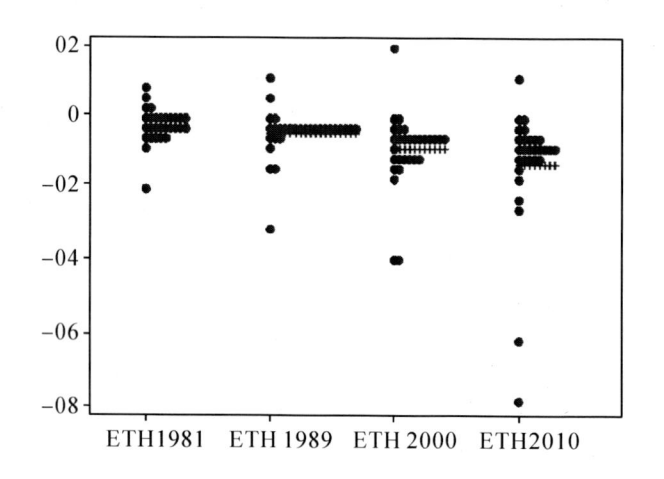

圖4.8　各普查年份ETH係數時間趨勢圖

　　本書以少數民族人口占比（ETH）作為生育政策的衡量指標之一，用其反應在偏緊的生育政策大環境下，相對寬鬆的生育政策對出生性別比的影響效應。中國是一個多民族國家，由於漢族以外的各民族比漢族人口少，習慣上被稱為「少數民族」。中國少數民族人口雖少，但分佈十分廣泛，主要分佈在西部及邊疆地區的省域，如內蒙古、新疆、寧夏、廣西、西藏、雲南、貴州、青海、四川、甘肅、遼寧、吉林、湖南、湖北、海南、臺灣等省域。中國的生育政策規定「少數民族也要實行計劃生育」。少數民族生育政策是根據不同民族和民族地區的人口數量、人口分佈、自然生存條件以及社會經濟發展等因素制

定的相應的生育政策，以滿足各民族的需要，從而加快中國國民經濟的發展（趙娜，2011）。

在第六次人口普查統計期間即 2000—2010 年，少數民族人口增幅為 6.92%。在 1989—2000 年期間少數民族人口增長幅度為 15.10%，同上一次人口普查相比，少數民族的人口增長幅度降低了一半多，說明在全國整體人口增幅減少的情況下，少數民族的生育觀念已開始發生變化，少數民族地區的人口也出現了低生育水準現象，人口增長速度也開始放緩。少數民族寬鬆的生育政策，並沒有導致人口過快增長的局面，其人口增長僅略高於漢族（馬正亮，2012）。張二力（2005）以「五普」數據為基礎，分析了全國 343 個地市級單位的出生性別比、嬰兒死亡性別比與生育政策之間的關係，發現較為寬鬆的生育政策有利於緩解出生性別比偏高。但是，值得注意的是完全放開生育並不能從根本解決人口出生性別比偏高問題。石人炳（2009）研究指出，只要人們的男孩偏好還很強，同時能夠獲得選擇性生育的技術，即使取消對生育數量的外在約束或取消生育控制政策，但內在約束仍會導致出生性別比偏高。

由表 4.11 和圖 4.8 可知，模型迴歸結果中，少數民族人口占比（ETH）對出生性別比的影響以負效應為主，表示在偏緊的生育政策大環境下，相對寬鬆的生育政策對出生性別比有著抑製作用。隨著時間演變，出現負效應的省域逐漸增多，負效應強度也逐漸增強。考慮了時間和空間因素的迴歸模型，效應強度顯著增大，作用方向及效應在空間上也存在顯著差異性。

1981 年和 2010 年少數民族人口占比（ETH）對出生性別比影響效應的空間分佈如圖 4.9 所示。

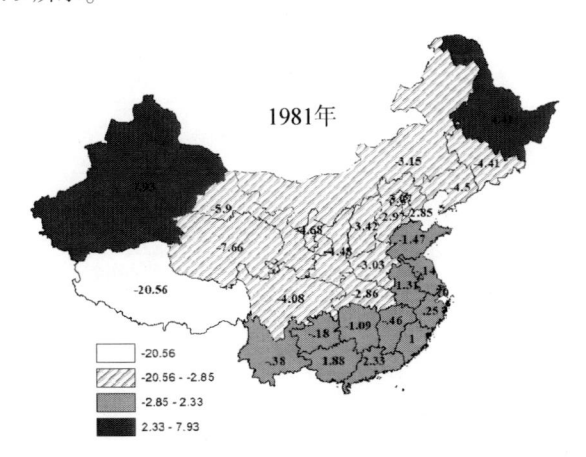

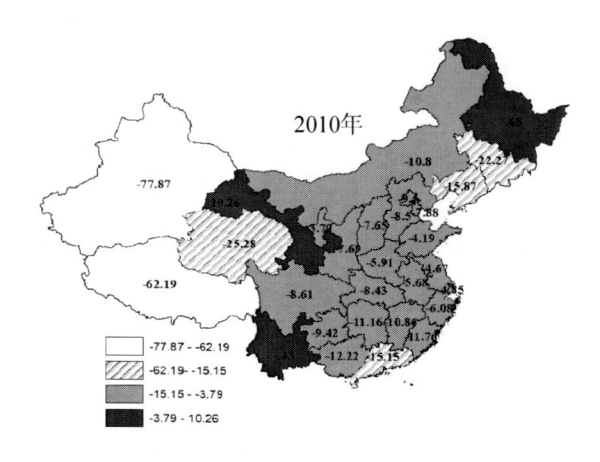

圖 4.9　1981 年和 2010 年 ETH 系數空間分佈圖
圖片來源：國家地球系統科學數據中心。

由圖 4.9 可知，1981 年 ETH 對出生性別比負效應占 76%，作用強度北方省域總體上大於南方省域，為正效應的省域為新疆、黑龍江、廣東、廣西、福建、上海和浙江。2010 年上述這一空間分佈特徵已經不復存在，只有甘肅和黑龍江的影響效應為正效應，其餘省域均為負效應，且除吉林、青海、西藏和新疆等省域的負效應強度顯著較強之外，其他省域的強度分佈則比較均衡和集中。

4. 女性地位提升對出生性別比影響效應的時空異質性

各省域與在各人口普查年份的女性平均受教育年限迴歸係數結果，如表 4.12 所示，這一迴歸係數的分佈點圖，如圖 4.10 所示。

表 4.12　各普查年份 EDU_F 變量迴歸係數

省域	EDU_F1981	EDU_F1989	EDU_F2000	EDU_F2010
北京	1.76	4.04	45.16	−44.37
天津	1.62	5.44	46.39	−46.06
河北	2.21	5.92	48.03	−44.10
山西	3.23	11.56	48.99	−18.80
內蒙古	1.71	−1.36	25.73	−2.53
遼寧	−3.18	−7.16	6.49	−27.55
吉林	−11.05	−35.81	−24.82	28.56

表4.12(續)

省域	EDU_F1981	EDU_F1989	EDU_F2000	EDU_F2010
黑龍江	-1.84	-6.81	112.95	263.79
上海	-9.62	12.28	89.92	11.31
江蘇	-4.45	12.93	66.28	-13.33
浙江	-8.03	14.53	121.44	27.59
安徽	-2.68	13.67	81.30	-6.52
福建	-1.49	17.22	153.38	64.82
江西	-0.70	14.99	135.39	45.97
山東	0.46	11.27	49.27	-36.56
河南	1.96	13.21	61.57	-13.52
湖北	2.22	12.83	90.19	21.85
湖南	4.30	13.83	117.83	61.24
廣東	5.88	14.49	137.57	78.98
廣西	10.70	17.86	101.12	101.75
四川	13.57	10.55	48.95	98.51
貴州	12.40	17.61	101.71	115.06
雲南	19.21	20.71	78.21	124.64
西藏	-2.45	-4.40	10.39	-32.07
陝西	3.13	9.31	44.45	12.75
甘肅	7.50	8.26	40.35	119.62
青海	13.68	7.96	25.90	56.03
寧夏	3.89	5.86	14.13	9.13
新疆	-4.16	-3.29	-12.58	-26.67
負效應(%)	38	21	7	41
正效應(%)	62	79	93	59
中位數	1.76	11.27	49.27	12.75
平均值	2.06	7.50	64.33	32.05

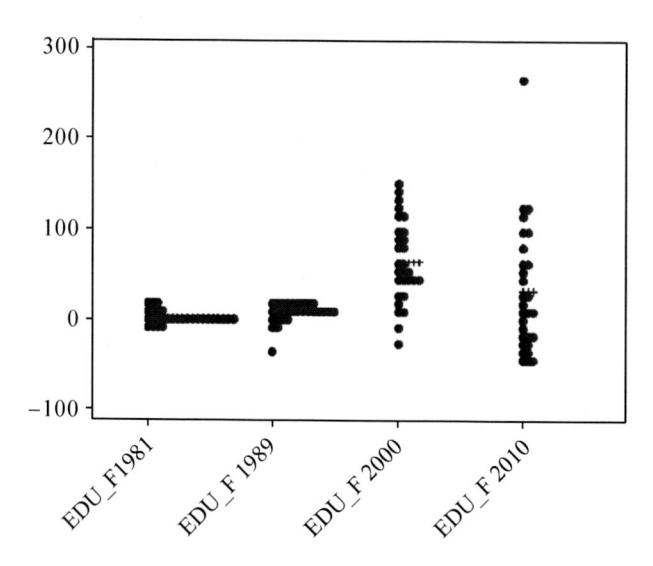

图 4.10　各普查年份 EDU_F 迴歸系數分佈點圖

女性平均受教育年限（EDU_F）可以從一定程度上反應女性的社會地位。據《2015年全國1%人口抽樣調查資料》可知，2015年全國1%人口抽樣調查數據顯示，1949年及以前出生人口中，女性平均受教育年限為4.29年，不足男性6.53年的三分之二；而「80後」女性平均受教育年限提高至10.92年，僅比男性少0.17年；到「90後」一代，女性平均受教育年限提升至12.18年，甚至超過男性0.23年。在出生性別比升高的近40年間，中國女性地位有了顯著提升。

由表4.12和圖4.10可知，1980—2000年期間，對於絕大部分省域而言，女性受教育水準對出生性別比的影響效應為正值，且到2000年其正向作用強度呈現增大的趨勢，但在2010年這一正效應則有所減弱，為負效應的省域開始逐漸增多，且負效應強度也有所增強，即女性地位越高出生性別比越低。與理論預期方向趨向一致，並且在考慮了時間和空間因素後，同時女性地位對出生性別比的影響顯著增大，作用方向及效應在時間和空間上也存在明顯的差異性。1981年和2010年女性受教育程度系數空間分佈圖，如圖4.11所示。

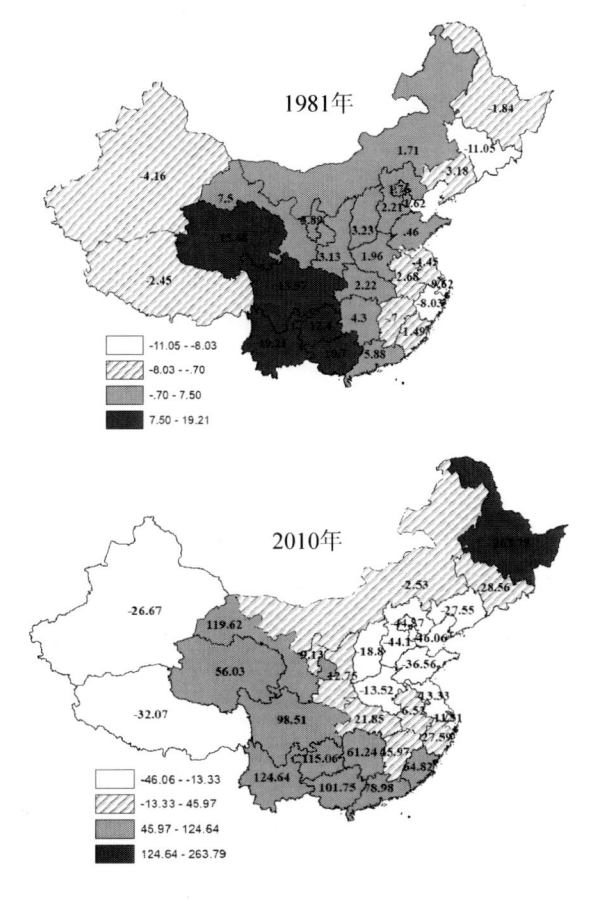

圖 4.11 1981 和 2010 年 EDU_F 系數空間分佈圖

圖片來源：國家地球系統科學數據中心。

從圖 4.11 可知，1981 年除西藏和新疆之外，西部地區省域女性受教育程度對出生性別比升高多為正效應，且影響強度較大，如雲南、青海、四川、貴州、廣西和甘肅等省域；中部地區省域次之；為負效應的省域則較分散，既有西部地區省域，也有東部省域，空間集聚性不明顯。2010 年，有 12 個省域為負效應，以東部和中部省域居多，按強度絕對值排序，較大的省域依次為天津、北京、河北、山東、西藏、遼寧等；有 19 個省域女性地位依舊為正效應，且個別省域的正效應強度還有進一步增強的趨勢，如黑龍江、雲南、甘肅、貴州、四川等；還有部分省域雖然為正效應，但是強度卻有所減弱，如廣東、福建、廣州、浙江、湖北、陝西和上海等。

分析表明，在改革開放初期 10 餘年間，女性在經濟、政治、教育、法律、

家庭等方面，其資源和權力仍遠遠低於男性，造成整個社會的男性偏好觀念和行為盛行。進入 21 世紀，隨著中國經濟的快速發展，女性地位有了顯著提升之後，對出生性別比升高的抑製作用開始逐漸有所顯現。只有切實從提高女性地位入手，才能真正消除性別偏好、人為進行性別選擇的不良習俗和思想，進而從本質上抑制出生性別比的偏高。

5. 第一產業從業人口比例對出生性別比影響效應的時空異質性

各省域與在各人口普查年份的第一產業從業人口比例迴歸係數結果，如表 4.13 所示，這一迴歸係數的分佈點圖，如圖 4.12 所示。

表 4.13　各普查年份 ARG 變量迴歸係數

省域	ARG1981	ARG1989	ARG2000	ARG2010
北京	8.32	8.71	7.67	-2.00
天津	8.24	9.42	8.91	0.73
河北	7.96	9.42	9.43	-0.59
山西	6.51	13.97	23.29	11.21
內蒙古	9.52	4.57	1.49	-5.58
遼寧	13.70	6.06	1.90	3.29
吉林	10.73	-5.16	-1.15	11.15
黑龍江	6.27	-2.71	5.09	24.90
上海	20.42	20.85	26.66	2.61
江蘇	17.94	18.93	24.06	6.98
浙江	18.17	23.33	33.58	5.40
安徽	15.39	21.58	30.33	8.61
福建	13.53	25.95	42.78	23.35
江西	12.34	28.18	40.16	19.81
山東	11.32	13.39	16.23	8.16
河南	9.98	19.35	33.25	15.17
湖北	10.33	25.94	37.32	15.92
湖南	5.04	29.73	39.16	17.33
廣東	1.28	25.59	48.17	30.33
廣西	-3.61	13.61	35.71	-6.97

表4.13(續)

省域	ARG1981	ARG1989	ARG2000	ARG2010
四川	27.90	7.66	23.66	4.99
貴州	0.57	12.86	20.90	-18.46
雲南	17.95	-62.94	-60.90	-74.69
西藏	-12.55	-46.47	-17.52	-82.74
陝西	6.75	19.29	38.44	25.12
甘肅	20.84	48.97	64.25	49.32
青海	80.68	74.52	109.19	104.04
寧夏	5.63	19.23	35.61	29.91
新疆	92.90	-45.53	-80.96	-164.13
正效應（%）	93	83	86	72
負效應（%）	7	17	14	28
平均值	15.31	11.67	20.58	2.18
中位數	10.33	13.97	24.06	8.16

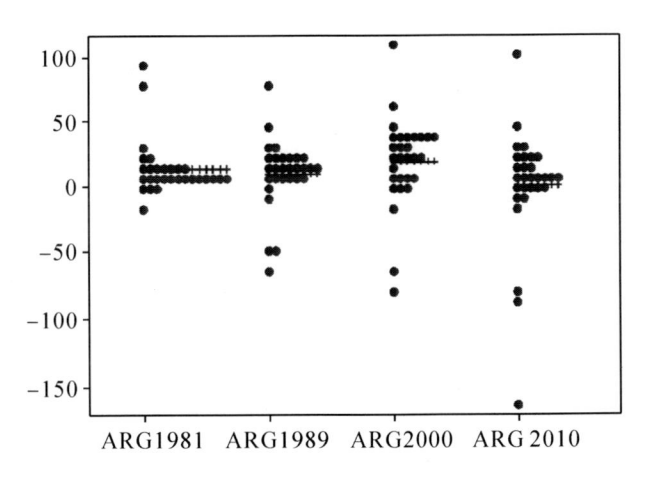

圖4.12　各普查年份 AGR 系數時間趨勢圖

　　第一產業從業人口比例（AGR）對出生性別比的影響方向，總體上正效應占據主體地位，特別是在 1981—1989 年，表明第一產業從業人員比例越高出生性別比也越高。隨著時間的演變，個別省域的影響效應逐漸從正向轉變為

負向，且省域之間的差異逐漸擴大，為負效應的省域有所增多。

分析表明，在計劃生育政策實施的初期，在對生育數量進行了限制之後，人們對男孩表現出強烈的偏好，隨著經濟、社會發展，以及人們文化水準的提升，男孩偏好逐漸有所緩解。1981年和2010年第一產業從業人員比例迴歸係數的空間分佈如圖4.13所示。

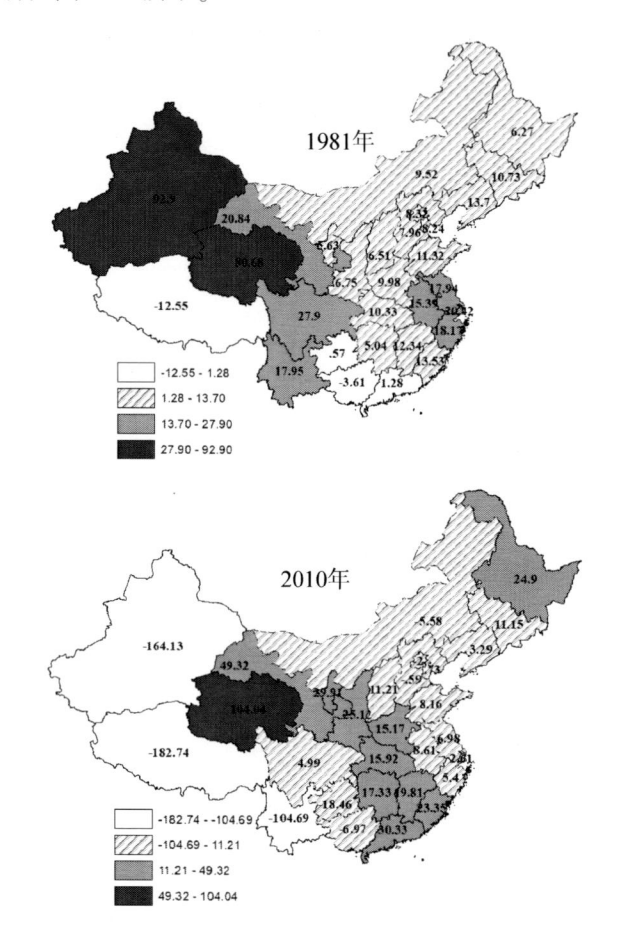

圖4.13　1981年和2010年AGR係數空間分佈圖

圖片來源：國家地球系統科學數據中心。

從圖4.13可知，絕大部分省域AGR對出生性別比的作用方向為正，與預期作用方向一致，且在1981年和2010年間沒有發生顯著變化。表明隨著第一產業從業人口比例的上升，各省域對勞動力的需求也會隨之增加，而男性由於

生理上的自然優勢會得到父母的偏好，由此催生出人為對胎兒的性別進行選擇的行為，最終導致出生性別比的升高。總體上來說，1981年這一系數的影響效應東西部地區大於中部地區，而2010年則是中部地區大於東西部地區。

產生這一現象的原因主要是，鄉村地區出生性別比顯著高於城市和鎮的現象是出生性別比偏高的主要推手（具體見第3章分析）。同時，中國農村不同的地區男孩偏好存在明顯差異，男孩偏好比較強的區域主要分佈在由廣東、福建、江西、廣西所構成的華南地區和由河南、山東、安徽和河北等所構成的中原地區；另外，湘南、鄂東、山西和陝西、貴州等地的純女戶比例也較低。男孩偏好比較弱的區域則主要分佈在東北三省。從傳宗接代觀念來看，位於中部的長江流域和東北傳宗接代觀念已弱化，「生男生女都一樣」成為這些區域生育觀念的主導；而在華南，男孩偏好和傳宗接代觀念依然很強（龔為綱，2013）。

6. 醫療水準對出生性別比影響效應的時空異質性

各省域與在各人口普查年份每萬人擁有醫療機構數（MED）迴歸系數結果，如表4.14所示，這一迴歸系數的分佈點圖，如圖4.14所示。

表4.14　各普查年份MED變量迴歸系數

省域	MED1981	MED1989	MED2000	MED2010
北京	-8.40	-12.29	-12.95	-3.28
天津	-8.79	-12.82	-14.06	-3.70
河北	-9.13	-17.24	-14.34	-4.51
山西	-11.27	-9.81	-18.65	-13.15
內蒙古	-5.51	-7.49	-7.87	-0.46
遼寧	-2.89	-9.27	-3.35	3.83
吉林	-3.82	-1.54	1.95	8.33
黑龍江	-4.78	-15.54	10.83	9.20
上海	-7.60	-16.23	-18.43	-4.57
江蘇	-8.05	-16.29	-19.88	-6.78
浙江	-10.40	-17.01	-19.05	-6.37
安徽	-10.70	-18.39	-20.30	-8.79
福建	-13.61	-16.51	-24.30	-13.36
江西	-13.71	-15.40	-22.54	-12.83
山東	-9.11	-18.31	-18.84	-7.07

表4.14(續)

省域	MED1981	MED1989	MED2000	MED2010
河南	-11.71	-16.95	-21.25	-14.41
湖北	-12.95	-15.78	-21.88	-16.57
湖南	-16.28	-21.52	-22.83	-16.35
廣東	-18.86	-14.16	-28.60	-17.13
廣西	-21.62	-10.24	-18.74	-5.71
四川	-8.57	-13.02	-15.06	5.19
貴州	-18.17	-9.97	-18.60	-5.83
雲南	-15.41	-11.89	3.23	43.07
西藏	-11.12	-16.84	10.13	37.76
陝西	-10.84	0.99	-19.86	-19.78
甘肅	-7.36	1.30	4.47	25.93
青海	0.94	-12.73	2.43	15.85
寧夏	-9.79	-7.75	-14.37	-9.74
新疆	2.26	-12.29	7.27	29.03
正效應（%）	7	7	24	31
負效應（%）	93	93	76	69
平均值	-9.91	-12.59	-12.26	-0.42
中位數	-9.79	-13.02	-18.43	-5.71

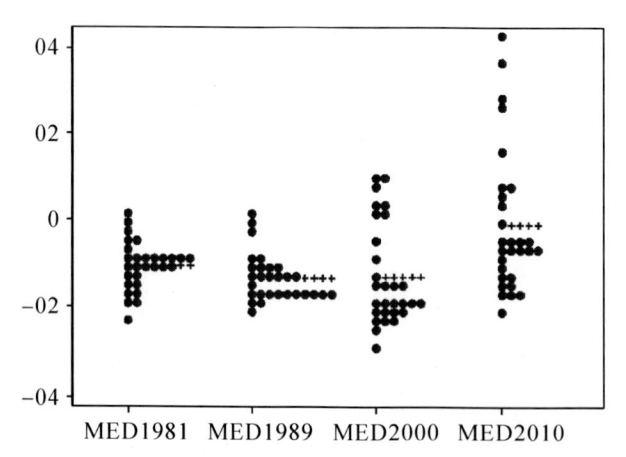

圖4.14　1981年和2010年MED迴歸系數空間分佈圖

每萬人擁有醫療機構數（MED）可從一定程度上反應人們獲取性別選擇技術的便利性。由表 4.14 和圖 4.14 可知，總體上，中國醫療水準對出生性別比的影響以負效應為主，在早期，大部分省域並沒有呈現出明顯的對出生性別比的推動作用。2000 年開始，MED 影響為正效應的省域開始增多，系數分佈呈現出右偏形態，且出現了明顯的正的異常值，空間上的差異顯著增大。這表明隨著醫療水準的不斷進步，人們通過人為選擇胎兒性別實現男孩偏好的可能性增加了，從而推動出生性別比上升。1981 年和 2010 年醫療水準（MED）迴歸系數的空間分佈圖，如圖 4.15 所示。

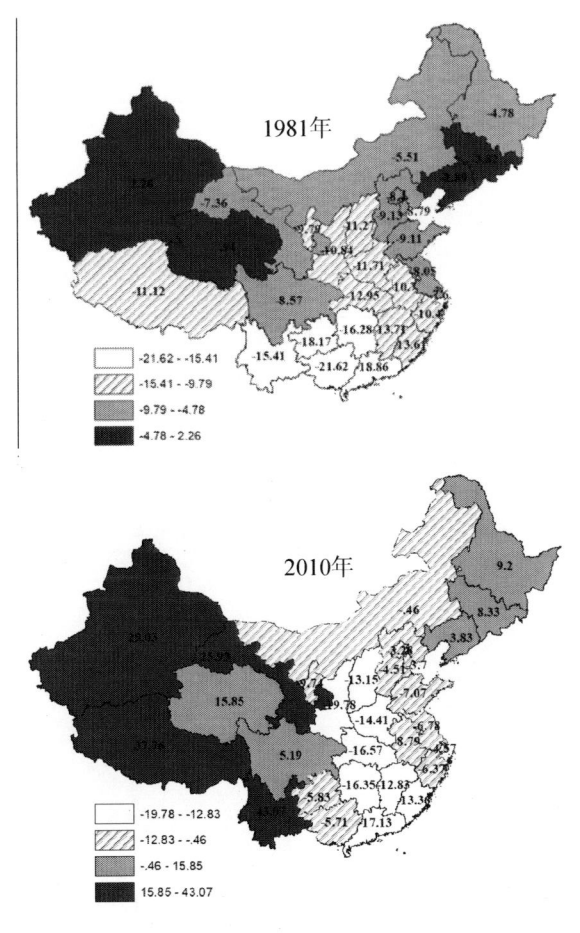

圖 4.15 MED 系數空間分佈圖

圖片來源：國家地球系統科學數據中心。

由圖 4.15 可知，1981 年和 2010 年 MED 對出生性別比的作用方向和強度

都表現出明顯的空間集聚性，相鄰省域的系數方向、大小相近。1981年，除新疆和青海為正效應外，其餘省域的MED對出生性別比的影響都為負效應，且影響效應由南到北逐漸增大。2010年，西部的新疆、西藏、甘肅、寧夏、四川、雲南及東北三省的醫療水準對出生性別比的影響方向轉變為正；中部和西部地區的個別省域，醫療水準對出生性別比的影響作用強度絕對值大於東部同期水準。

7. 社會保障對出生性別比影響效應的時空異質性

各省域與在各人口普查年份農村每萬人擁有養老機構數（INS）迴歸系數結果，如表4.15所示，這一迴歸系數的分佈點圖，如圖4.16所示。

表4.15　各普查年份INS變量迴歸系數

省域	INS1981	INS1989	INS2000	INS2010
北京	−0.55	−2.76	−43.32	−6.01
天津	−0.81	−2.77	−38.31	6.50
河北	−0.78	−2.95	−40.83	1.58
山西	−0.84	−4.17	−26.73	16.11
內蒙古	0.36	−2.34	−50.80	−50.69
遼寧	3.44	1.53	−33.73	−3.71
吉林	5.86	8.74	−15.72	13.91
黑龍江	5.50	13.07	−25.69	−12.45
上海	−0.89	−2.17	−2.68	−6.65
江蘇	−1.94	−3.33	−3.19	11.62
浙江	−0.76	−3.09	−1.08	−14.52
安徽	−2.25	−4.47	0.19	9.74
福建	−0.61	−4.43	−8.12	−19.96
江西	−1.91	−5.77	−8.65	−8.55
山東	−1.84	−3.32	−19.35	24.74
河南	−2.13	−5.31	−4.96	22.73
湖北	−2.70	−6.92	−7.03	12.33
湖南	−2.39	−8.40	−15.63	−4.28
廣東	−0.79	−7.56	−15.50	−19.77
廣西	−0.60	−11.32	−23.55	−8.49
四川	−0.54	−6.56	−20.71	4.11

表4.15(續)

省域	INS1981	INS1989	INS2000	INS2010
貴州	-0.31	-10.69	-22.74	-1.86
雲南	2.27	-7.37	-20.56	-29.12
西藏	4.71	3.47	-0.92	-78.85
陝西	-0.80	-5.78	-13.01	16.08
甘肅	-0.05	-1.01	-23.62	-23.17
青海	0.19	2.46	-17.59	-24.73
寧夏	0.08	-4.32	-19.29	5.26
新疆	5.04	0.90	12.25	-71.13
正效應（％）	31	21	7	41
負效應（％）	69	79	93	59
平均值	0.14	-2.99	-17.62	-8.25
中位數	-0.61	-3.33	-17.59	-4.28

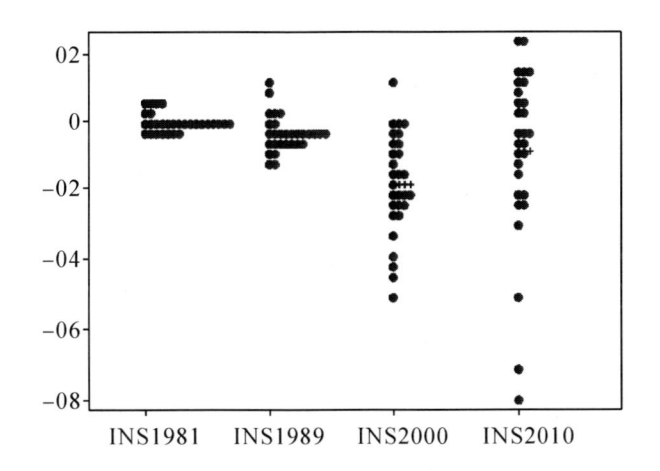

圖4.16　1981年和2010年INS迴歸系數空間分佈圖

由表4.15和圖4.16可知，中國各省域農村每萬人擁有養老機構數（INS）對出生性別比的影響，總體上為負效應。各省域之間的空間差異性在2000年後變得較為顯著，1981年各省域系數的方向和大小差異較小，表現為箱線圖中箱體的寬度非常狹窄。隨著時間推移，INS的系數開始向負向發展，且在2010年出現作用強度大、方向為負的異常值。分析表明，中國社會保障制度的進一步完善也為出生性別比失衡的治理起到了重要的作用。只有通過完善的

社會保障制度，切實解決人們的養老和醫療的後顧之憂，才可能徹底改變傳統落後的生育觀念，從而解決出生性別比失衡問題。1981 年和 2010 年 INS 迴歸係數的空間分佈圖，如圖 4.17 所示。

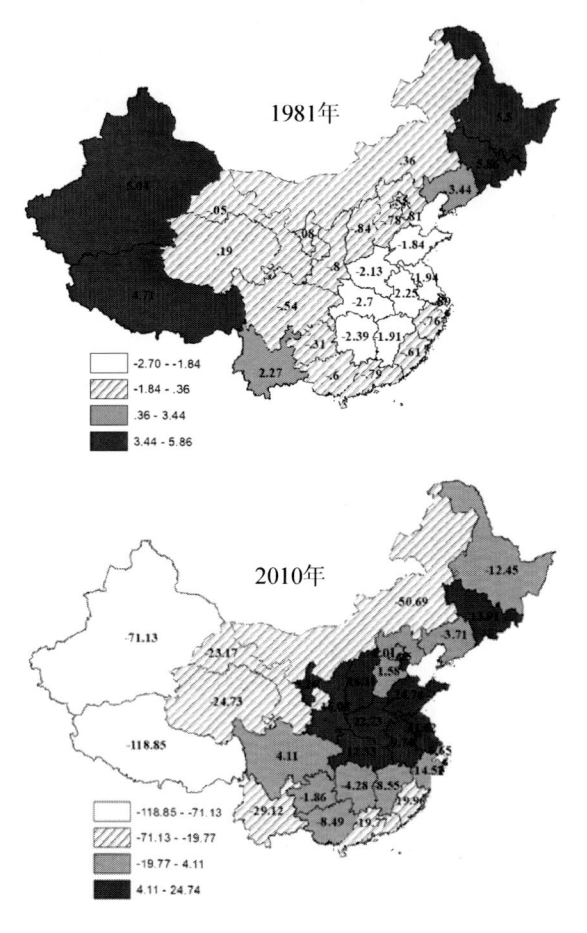

圖 4.17　1981 年和 2010 年 INS 係數空間分佈圖
圖片來源：國家地球系統科學數據中心。

由圖 4.17 可知，1981 年大部分省域的 INS 係數值為負，但作用強度很小，在各省域之間的差異不大，且相鄰省域的值大小基本一致，表現出一定的空間集聚性。2010 年，在東南沿海的廣東、福建及西部地區的雲貴川等省域，INS 對出生性別比的抑製作用進一步加深，而相鄰的陝西、河南、山西、山東、湖北等地這一系數的方向卻由負向變為了正向。另外西部地區的部分省域，如內蒙古、黑龍江、西藏、甘肅、青海、新疆也有明顯向負效應轉變的趨勢。

5 主要結論與政策建議

5.1 主要結論

  20 世紀 80 年代中國出生性別比連年攀升，逐漸偏離正常值範圍，這一現象引起了諸多國內外學者的注意。學者們分別從社會、經濟、政策各方面對導致出生性別比升高的因素的作用效應及強度進行了深入的理論與實證分析。但是，由於中國地域遼闊，民族眾多，各省域的自然與社會環境都具有較大的差異，出生性別比變換的路徑與機制也不盡相同，從時空異質性視角切入的研究並不多。因此，本書在前人研究的基礎上，以中國省域為研究區間，首先分析了近 40 年中國出生性別比的時間變化趨勢和空間分佈特徵；然後，利用 1982 年以來的歷次人口普查數據，採用同時納入變量時間和空間異質性、空間集聚性的時空地理加權模型，對中國省域出生性別比影響因素的時空分異特徵進行實證分析，得出以下主要結論：

  1. 從時間變化的軌跡上來看，中國出生性別比在 20 世紀 80 年代緩慢上升，90 年代快速攀升，於 2007 年達到峰值 125.5，後開始逐年下降，但至今仍未回復到正常水準。東中西部出生性別比的時間變化趨勢各有異同，都經歷了 90 年代的快速上升，而其中以中部地區的增長速度最快，西部地區出生性別比始終是三個地區中的最小值，與正常值範圍的差距也最小。城市、鎮和鄉村中，城市的出生性別比最低，鄉村則最高。從「三普」到「五普」期間，數值變化顯示中國出生性別比迅速攀升，出生性別比偏高的程度加深並且偏高的範圍擴大。

  從空間分佈特徵來看，在 20 世紀 80 年代初期，僅有部分東部和中部省域的出生性別比出現失衡，但經過 30 年的發展，出生性別比失衡已經成為中國一個普遍存在的問題。其中，中部省域的失衡程度最為嚴重，西部地區的出生

性別比則與正常值範圍的偏離最小。以 2010 年為例，對出生性別比升高貢獻率排名前十位的省域中，中部占五席，貢獻率合計為 36.7%，高於東部的 31.5%，而西部僅有廣西一省域排名進入前十。

2. 本書運用 GTWR 模型進行實證研究，發現不同地區出生性別比失衡的原因不同，存在顯著的時空異質性。這一模型較經典計量模型有著更好的模型擬合效果和解釋能力，更有利於發現不同省域出生性別比失衡的重要影響因素，便於根據不同省域的特點和重要影響因素，因地制宜、有針對性地制定相關的治理對策與措施。

其中，各影響因素對省域出生性別比的作用的時間異質性特徵主要體現為，絕大部分省域人均地區生產總值對出生性別比的影響效應在期初是正向的，隨著經濟進一步發展，其對出生性別比的影響在大約三分之一的省域表現出負向作用，且作用的強度也逐漸增大。說明一些省域的經濟發展水準對出生性別比的影響，已經進入倒「U」形的負向影響階段。女性平均受教育年限出生性別比的影響效應在各省域之間的差異最為顯著。期初，絕大部分女性受教育水準系數為正值，期末，這種正效應逐漸趨弱，且半數以上的省域隨著女性受教育水準的上升，其出生性別比反而下降，表明中國女性地位的不斷提升開始顯現出對出生性別比升高的抑製作用。少數民族人口占比對出生性別比的影響在時間維度上表現出了穩定的負效應。第一產業從業人口比例對出生性別比的影響強度，在四個人口普查年份的分佈變化都不大，但在一些省域這一影響的方向逐漸從正向轉變為負向。在 2010 年出現了幾個較為明顯的負異常值，表明第一產業從業人口比例這一變量對出生性別比的影響開始發生一些質的變化。

每萬人擁有醫療機構數對出生性別比的影響有明顯由負向正演進的趨勢。在 2000 年之前，絕大部分省域每萬人擁有醫療機構數的系數都為負，自 2000 年開始，每萬人擁有醫療機構數的系數出現大量正值，系數分佈呈現出右偏形態，且出現了明顯的正的異常值。這表明隨著醫療水準的不斷進步，人們通過人為選擇胎兒性別實現男孩偏好的可能性增加了，從而使出生性別比上升。總和生育率對出生性別比的影響系數在七個變量中分佈最為離散，期初和期末均多表現出正向影響，隨時間變化而呈現劇烈波動，其中位數逐漸向正向發展，作用強度也隨時間增加。農村每萬人擁有養老機構數對出生性別比的作用在各省域之間的差異逐漸增強，1981 年各省域系數的方向和大小基本沒有差別，而隨著時間的推移，農村每萬人擁有養老機構數的系數開始向負向發展，且在 2010 年出現作用強度頗大、方向為負的異常值。

3. 各影響因素對省域出生性別比的作用的空間異質性特徵主要體現為，總體上東南沿海省域經濟發展水準對出生性別比的影響效應大於中西部內陸地區。除青海、內蒙古外，其餘各省域人均地區生產總值對出生性別比的作用方向都與其相鄰省域相同，體現出經濟發展水準對出生性別比的影響具有空間集聚性。1981 年，除西藏和新疆之外，中西部女性平均受教育年限正向影響效應較大，東部較小，2010 年，除黑龍江增大趨勢明顯之外，空間格局變化較小，多個省域女性社會地位對出生性別比的作用方向由正向轉變為了負向，這一轉變說明不同省域出生性別比與女性社會地位關係的變化趨勢並不一致。

除個別省域外，1981 年和 2010 年少數民族人口占比對出生性別比的影響係數均為負值。在空間分佈上，1981 年在少數民族人口占比對出生性別比的負向作用強度上，北方總體上大於南方，2010 年這一空間分佈特徵已經不復存在，絕大部分省域的係數值都接近於-10。絕大部分省域第一產業從業人口比例對出生性別比的作用方向為正，且在 1981 年和 2010 年間沒有發生質的變化。總體上來說，1981 年這一變量係數的影響效應東部和西部大於中部地區，而 2010 年則是中部地區大於東部和西部。

1981 年和 2010 年，每萬人擁有醫療機構數對出生性別比的作用方向和強度都表現出明顯的空間集聚性，期初這一影響效應由南到北逐漸增大，期末除東北三省較大外，由東向西逐漸增大。總和生育率對出生性別比的影響強度方面西部地區明顯大於東部和中部，2010 年與 1981 年相比，該影響效應的絕對值都有所上升，除廣東以外，各省域總和生育率對出生性別比的作用強度都與其相鄰省域非常接近，表現出總和生育率對出生性別比影響在空間上的自相關性。1981 年大部分省域的農村每萬人擁有醫療機構數的係數值為負，但作用強度很小，在各省域之間的差異不大，且相鄰省域的值大小基本一致，表現出一定的空間集聚性。2010 年，在東南沿海的廣東、福建及西部的雲貴川地區，該變量對出生性別比的抑製作用進一步加深，省域間的差異逐漸顯現出來。

5.2 政策建議

通過前文研究可知中國出生性別比失衡的問題，不論是在其自身特徵還是其影響因素方面，都表現出了顯著的時空分異特徵。因此，在治理出生性別比失衡時，要從時空異質性視角，充分考慮各地具體情況，避免實施「一刀切」政策而造成事倍功半的結果。同時，中國出生性別比在高位運行了數十年之

後，目前雖然得到了有效的遏制，但是並沒有回到正常值範圍。按照出生性別比發展一般規律，越是接近正常值，其下降難度越大，結合實證研究結論和文獻研究，建議從如下方面系統考慮治理出生性別比偏高的問題，從而促進中國人口長期均衡發展。

（1）注重人口發展的戰略性、全局性和長期性，從國家宏觀層面進行出生性別比治理的綜合統籌安排。首先，人口系統的良性運行與協調發展直接關係到整個社會的可持續發展，人口變化及其影響效應的產生是長期緩慢的過程，因此要用戰略性眼光，從長遠角度審視這一問題。人口是社會、經濟發展中最基礎也是最核心的部分，不能單獨看待人口問題，人、社會、經濟、資源、環境等是一個相互依賴、相互融合的系統，因此在設計人口制度和政策時，必須要從系統性角度出發，進行相應制度的頂層設計。對於出生性別失衡的問題治理也不例外，應構建系統性、長期性的社會管理整體性治理框架，持續推進「標本兼治」的宏觀綜合治理體系（李樹茁，等，2014）。其次，國家宏觀綜合治理政策實施中要有側重點，從制度、政策、社會發展、弱勢群體保護政策、社區干預等多方面制定政策和行動計劃。治理活動要與當前社會發展戰略和建立國家公共服務體系的戰略和行動路徑相契合，在行為約束與宣傳倡導基礎上豐富政策手段。不同地區的經濟社會條件不同，出生性別比也有差異，因此在政策制定、工作方法設計中要採取分區域治理的策略，對重點地區的重點人群應給予特別關注。如西藏自治區，其出生性別比失衡發展階段、路徑與其他省域存在顯著不同，在進行出生性別比綜合治理時要深入研究，結合民族特點、人口結構、經濟社會發展等多方面進行政策的制定和實施。

（2）中國出生性別比失衡的根源和本質是傳統文化中長期形成的男孩偏好和性別不平等，尤其是在一些經濟落後地區，居民受教育程度低，思想觀念落後，封建迷信思想嚴重，工作生活中性別歧視現象嚴重。經濟發展並不必然實現男孩偏好的弱化，為破除滯後的性別不平等觀念，還需要在如下方面進行強化：第一，必須大力提高人們的受教育程度，在基礎教育中加入有關性別平等的內容，樹立女性權益意識，為全社會形成正確的性別觀念打下堅實基礎。提高女性在社會中的地位有助於削弱父母對於男孩的強烈需求，從而真正實現男女平等。第二，政策制度建設是重要的催化劑，在社會發展中要優先注重女性的發展機會，通過利益導向政策設計，充分激發和保護女性就業動力，提升女性的社會和經濟地位，有效促進男孩偏好觀念的轉變。第三，經濟發展水準越高，生產方式越多元化，男性和女性在生產活動中的作用差異就會越小。因此，加快經濟發展，提高生產力水準，優化經濟結構，挖掘女性在社會經濟生

產活動中的潛能。通過發揮和提高女性勞動力人口的經濟功能及其對家庭的經濟貢獻力，提升女性地位。第四，在相關法律和政策制定時納入性別視角，為女性參與社會發展創造條件，保護女性權益，幫助她們更好地平衡家庭和工作。

（3）全面落實「二孩政策」和出生性別比治理「兩手抓」。中國的剛性計劃生育政策從 1978 年全面實施以來，契合了當時的時代要求，對於控制人口過快增長、提升人口素質起到了重要作用。但是，現階段中國面臨人口紅利下降、社會步入老齡化的人口新問題，為促進中國經濟社會長遠發展，計劃生育政策轉向寬鬆，2016 年開始實施「全面二孩」政策。「全面二孩」政策實施對出生性別比可能有雙重的影響：一方面，生育數量限制的放寬可能會一定程度地弱化人們選擇性生育的動機，而且，許多新增的「無性別選擇」的孩子的出生對整個偏高的出生性別比起到「稀釋」的作用，有利於降低出生性別比。因此要出抬相關政策措施，配建教育、醫療等基礎設施，滿足職業母親與兒童的相關需求，保障「二孩政策」的全面落實；另一方面，生育政策調整使部分長期受到抑制的「生男願望」有了實現的機會，因此，在全面二孩政策實施之後，生育性別的選擇行為有可能增加，為出生性別比的控制與治理帶來了更高的要求。

（4）加強監督，嚴厲打擊非醫學需要的胎兒性別鑒定。出生性別比的長期失衡，是在男孩偏好驅動下對胎兒進行人為性別選擇的結果。經過 30 餘年的發展，生育輔助醫療技術（包括胎兒性別識別）及醫療器械在我中國已經相當普及，雖然國家明令禁止出於非醫學需要對胎兒的性別進行產前鑒定。但由於監管措施不嚴，從而導致執行中多有疏漏和執法不嚴的問題。在一些西部地區，已經出現出生性別比隨醫療水準進步而上升的情況，體現出監管制度不健全對出生性別比失衡造成的不良後果，需引起有關部門的重視。為此，必須採取更嚴格的措施，限定生育輔助醫療技術和 B 超等的使用條件，協調衛生、司法、公安、工商等多部門互相配合，嚴厲打擊進行非法性別鑒定和性別選擇性流產，從而抑制出生性別比失衡加劇，鞏固現有出生性別比控制成效。

（5）完善社會保障制度及配套政策，解決養老後顧之憂。中國已經進入老齡化社會，在現階段的生育政策與生育觀念下，根深蒂固的「養兒防老」觀念會導致人們通過生育男孩來保障養老需求。降低人口性別比，改變生育過程中的男性偏好，不能僅僅要靠宣傳、政策和法律等強制手段，最主要的要從「養兒防老」思想的經濟根源入手。人口政策不能獨立於其他社會政策單獨運行，政府需要加快社會基本醫療和養老保障制度建設步伐，構建一體化的社會

保障網絡，並實現普惠和優惠的結合，在基本保障的基礎上適度向弱勢群體傾斜，制定相應的優惠政策與扶持政策。

（6）積極應對已經出現的性別失衡引起的各類社會風險，緩解性別失衡與婚姻擠壓帶來的各種社會問題。關注失婚男性自我發展能力的提升，加快基層社會支持網絡建設，構建多元化的心理疏導渠道，健全基層心理衛生服務體系。

5.3 不足與展望

本書基於第三次全國人口普查以來的四次人口普查數據，對中國省域出生性別比特徵及其影響因素的時空異質性進行了實證研究，關於這一主題的研究還可從以下幾個方面進行進一步完善：

（1）省域出生性別比的數據主要來源於全國人口普查，而中國目前的人口普查制度是每十年進行一次抽樣比例為10%的全國人口普查，導致樣本數據的時間間隔過長，在研究分析中無法捕捉出生性別比各年的變化。而全國人口普查所耗費的成本較高，決定了不可能每年都進行這樣的調查，因此如果可以通過一些科學的測算方法估算每年的省域出生性別比，便可以進一步豐富對省域出生性別比及其影響因素時空異質性的研究。

（2）書中實證研究部分，由於數據可獲得性的限制，部分變量的選取還不夠全面和嚴謹。如女性地位，書中採用女性平均受教育年限來表示，實際上，根據女性地位的概念和內涵，它具有相對性、多維性、多重定位性和情境依賴性等特點，應結合生育行為對其進行更為深入的理解與準確測度。又如生育文化因素中，採用第一產業從業人口比例來表示，比較簡化。社會保障是影響出生性別比的關鍵因素之一，本書對於社保因素變量的選擇，採用的是農村每萬人擁有養老機構數，未能全面反應整個社會的社會保障水準，未來可以採用其他更具代表性變量，分析社保因素對出生性別比的影響。

参考文献

[1] ANSELIN L. Spatial Econometrics [R]. Bruton Center, School of Social Sciences, University of Texas at Dallas Richardson, 1999.

[2] BECKER G S. A Theory of Marriage: Part I [J]. Journal of Political Economy, 1973, 81 (4): 813-846.

[3] CAI Y, W. LAVELY. China's Missing Girls: Numerical Estimates and Effects on Population Growth [J]. The China Review, 2003, 3 (2): 13-29.

[4] CHRISTOPHE Z, GUILMOTO. The Sex Ratio Transition in Asia [J]. Population and Development Review, 2009, 35 (3): 519-549.

[5] EBENSTEIN A, LEUNG S. Son Preference and Access to Social Insurance: Evidence from China's Rural Pension Program [J]. Population & Development Review, 2010, 36 (1): 47-70.

[6] ECHáVARRI R A, EZCURRA R. Education and Gender Bias in the Sex Ratio at Birth: Evidence from India [J]. Demography, 2010, 47 (1): 249-268.

[7] FOTHERINGHAM A S, CHARLTON M, BRUNSDON C. Geographically Weighted Regression: A Natural Evolution of the Expansion Method for Spatial Data Analysis [J]. Environment and Planning A, 1998, 30 (11): 1905-1927.

[8] GUILMOTO C Z. The Sex Ratio Transition in Asia [J]. Population and Development Review, 2009, 35 (3): 519-549.

[9] GUPTA M D. Explaining Asia's「Missing Women」: A New Look at the Data [J]. Population and Development Review, 2005, 31 (3): 529-535.

[10] HUANG B, WU B, BARRY M. Geographicallyand Temporally Weighted Regression for Modeling Spatio-Temporal Variation in House Prices [J]. International Journal of Geographical Information Science, 2010, 24 (3): 383-401.

[11] HULL T H. RecentTrends in Sex Ratios at Birth in China [J]. Population and Development Review, 1990: 63-83.

[12] HULL T H. WEN X.. Rising Sex Ratio at Birth in China: Evidence From the 1990 Population Census [R]. Canberra: Australian Development Studies Network Paper No. 31, The Australian National University. 1993.

[13] JACOBSEN R, MOLLER H, MOURITSEN A. Natural Variation in the Human Sex Ratio [J]. Human Reproduction, 1999, 14 (12): 3120-3125.

[14] JOHANSSON S, NYGREN O. TheMissing Girls Of China: A New Demographic Account [J]. Population and Development Review, 1991, 17 (1).

[15] KAY JOHNSON, HUANG BANGHAN, WANG LIYAO. Infant Abandonment and Adoption in China [J]. Population and Development Review, 1998, 24 (3): 469-510.

[16] LEIBENSTEIN H. EconomicDecision Theory and Human fertility Behavior: A Speculative Essay [J]. Population and Development Review, 1981: 381-400.

[17] LI H, YI J, ZHANG J. Estimatingthe Effect of the One-Child Policy on the Sex Ratio Imbalance in China: Identification Based on the Difference-In- Difference [J]. Demography, 2011, 48 (4): 1535-1557.

[18] LI N., TULJAPURKAR S., FELDMAN M.. High Sex Ratio at Birth andit's Consequences [J]. Chinese Journal of Population Science, 1995, 7 (3): 213-221.

[19] MCELROY M B, YANG D T. Carrots and Sticks: Fertility Effects of China's Population Policies [J]. The American Economic Review, 2000, 90 (2): 389-392.

[20] PARAZZINI F, LA VECCHIA C, LEVI F, et al. Trends in Male: Female Ratio among Newborn Infants in 29 Countries from Five Continents [J]. Human Reproduction (Oxford, England), 1998, 13 (5): 1394-1396.

[21] POSTON JR., GU B., LIU P. P., MCDANIEL T.. Son Preference and the Sex Ratio at Birth in China: a Provincial Level Analysis [J]. Social Biology, 1997, 44 (1-2): 55-76.

[22] LI CHENGRUI. A Census of One Billion People [R]. Beijing: State Statistical Bureau, 1996: 410-434.

[23] WEI S J, ZHANG X. The Competitive Saving Motive: Evidence from Rising Sex Ratios and Savings Rates in China [J]. Journal of Political Economy, 2011, 119 (3): 511-564.

[24] WEI S, ZHANG X. Sex Ratios, Entrepreneurship, and Economic Growth in the People's Republic of China [J]. National Bureau of Economic Research, 2011.

[25] ZENG, Y, TU P, GU BAO CHANG, XU YI, LI BO HUA, LI YONG PING. Causes and Implications of the Recent Increase in the Reported Sex Ratio at Birth in China [J]. Population and Development Review, 1993, 19 (2): 283-302.

[26] 畢雅麗, 李樹茁, 尚子娟. 制度關聯性視角下的出生性別比治理制度環境分析 [J]. 婦女研究論叢, 2014, 122 (2): 34-43, 68.

[27] 蔡菲, 陳勝利. 限制生育政策不是影響出生性別比升高的主要原因 [J]. 市場與人口分析, 2006 (3): 29-31.

[28] 蔡菲. 出生性別比升高的分因素貢獻率 [J]. 人口研究, 2007 (4): 9-19.

[29] 陳華帥, 曾毅.「新農保」使誰受益: 老人還是子女? [J]. 經濟研究, 2013, 48 (8): 55-67.

[30] 陳寧. 生育政策調整下育齡婦女生育狀況變動研究——基於中部兩省出生人口動態監測數據的分析 [J]. 華中科技大學學報 (社會科學版), 2019, 33 (4): 37-46.

[31] 陳衛, 李敏. 中國出生性別比偏高的長期人口後果 [J]. 人口與發展, 2010, 16 (4): 33-37.

[32] 陳衛, 吳麗麗. 外來人口對中國城市地區出生性別比的影響 [J]. 人口學刊, 2008 (2): 15-19.

[33] 陳強. 高級計量經濟學及 Stata 應用 [M]. 2 版. 北京: 高等教育出版社, 2010.

[34] 陳友華. 關於出生性別比的幾個問題——以廣東省為例 [J]. 中國人口科學, 2006 (1): 86-94.

[35] 陳友華, 徐愫. 性別偏好、性別選擇與出生性別比 [J]. 河海大學學報 (哲學社會科學版), 2009, 11 (4): 35-41.

[36] 陳友華, 胡小武. 社會變遷與出生性別比轉折點來臨 [J]. 人口與發展, 2012, 18 (1): 13-18.

[37] 程令國, 張曄, 劉志彪.「新農保」改變了中國農村居民的養老模式嗎? [J]. 經濟研究, 2013, 48 (8): 42-54.

[38] 達摩達爾·古扎拉蒂. 計量經濟學基礎 [M]. 北京: 中國人民大學

出版社, 2011.

[39] 刁貝娣, 丁鐳, 蘇攀達, 等. 中國省域 PM_ (2.5) 濃度行業驅動因素的時空異質性研究 [J]. 中國人口·資源與環境, 2018, 28 (9): 52-62.

[40] 董輝. 中國農民家庭功能及成員活動社會化與生育行為的思考 [J]. 社會學研究, 1992 (1): 102-107.

[41] 範子英, 顧曉敏. 性別比失衡的再平衡: 來自「關愛女孩行動」的證據 [J]. 經濟學動態, 2017, 4: 77-89.

[42] 高凌. 中國人口出生性別比的特徵及影響因素 [J]. 中國社會科學, 1995 (1): 99-115.

[43] 高文力, 梁穎. 試論時期總和生育率、終身生育率與政策生育率的關係 [J]. 人口學刊, 2012 (01): 3-11.

[44] 龔為綱. 男孩偏好的區域差異與中國農村生育轉變 [J]. 中國人口科學, 2013 (1): 66-76.

[45] 顧寶昌. 論生育和生育轉變: 數量、時間和性別 [J]. 人口研究, 1992, 16 (6): 1-7.

[46] 顧寶昌, 徐毅. 中國嬰兒出生性別比綜論 [J]. 中國人口科學, 1994 (3): 41-48.

[47] 顧寶昌. 關於出生性別比問題: 成因與反思 [J]. 福建江夏學院學報, 2011, 1 (2): 11-16.

[48] 顧寶昌, 侯佳偉, 吳楠. 中國總和生育率為何如此低? ——推延和補償的博弈 [J/OL]. 人口與經濟: 1-18 [2019-10-09]. http://kns.cnki.net/kcms/detail/ 11.1115. F. 20190606.1321.003.html.

[49] 郭顯超. 人口長期均衡發展背景下的婚姻擠壓研究 [J]. 青年與社會, 2012, 68 (9): 293-295.

[50] 韓兆洲, 林仲源. 中國最低工資增長機制時空異質性測度研究 [J]. 統計研究, 2017, 34 (6): 38-51.

[51] 何維. 加強人口發展戰略研究促進人口長期均衡發展 [J]. 人口與社會, 2019, 35 (1): 5-12.

[52] 侯佳偉, 顧寶昌, 張銀鋒. 子女偏好與出生性別比的動態關係: 1979—2017 [J] 中國社會科學, 2018 (10): 86-101.

[53] 胡耀嶺. 中國出生性別比偏高及其治理研究 [D]. 天津: 南開大學, 2010.

[54] 胡耀嶺, 原新. 基於空間數據的出生性別比偏高影響因素研究 [J].

人口學刊，2012（5）：12-21.

[55] 黃國華，劉傳江，涂海麗. 中國出生性別比時空特徵及影響因素[J]. 江西社會科學，2018，38（2）：225-234，256.

[56] 黃潤龍. 中國出生性別比偏高因素研究及其治理建議[M]. 北京：人民出版社，2012.

[57] 加里·S. 貝克爾. 家庭論[M]. 王獻生，王宇，譯. 北京：商務印書館，2005.

[58] 賈志科. 出生性別比失衡的社會風險、影響與後果[J]. 社會科學家，2012（12）：22-25.

[59] 姜全保，李波. 性別失衡對犯罪率的影響研究[J]. 公共管理學報，2011，8（1）：71-80.

[60] 姜全保，楊淑彩，李樹茁. 中國出生人口數量變化研究[J]. 中國人口科學，2018（1）：60-71，127.

[61] 姜全保，梅麗，邰秀軍. 中國人口出生性別比的區間估計[J]. 中國人口科學，2019（2）：53-62，127.

[62] 李伯華. 1964—1981年中國已婚育齡婦女生育率的變化[J]. 人口研究，1983（5）：12-15+40.

[63] 李伯華. 中國出生性別比的近期趨勢——從醫院記錄獲得的證據[J]. 人口研究，1994（4）：1-9.

[64] 李丹，王秋賢，孫曉，等. 基於GIS的中國人口總和生育率時空演變研究[J]. 魯東大學學報（自然科學版），2017，33（4）：364-368.

[65] 李桂芝，崔紅豔，嚴伏林，等. 全面兩孩政策對中國人口總量結構的影響分析[J]. 人口研究，2016，40（4）：52-59.

[66] 李漢東，陸利桓. 中國出生性別比失調對未來婚姻市場的影響[J]. 統計與決策，2010，23（2）：81-83.

[67] 李慧英. 中國出生性別比失衡與性別平等的內在聯繫[J]. 中國黨政幹部論壇，2007（9）：9-11.

[68] 李競能. 中國家庭經濟與生育研究在理論上應當注意的幾個問題[J]. 人口與經濟，1994（1）：3-6.

[69] 李樹茁，果臻. 當代中國人口性別結構的演變[J]. 中國人口科學，2013，33（2）：11-20.

[70] 李樹茁，果臻，尚子娟. 中國性別失衡與社會可持續發展的理論、實踐與政策創新——國家社科基金重大攻關課題「中國人口性別結構與社會

可持續發展戰略研究」成果概述［J］. 西安交通大學學報（社會科學版），2014, 34 (6): 1-13.

［71］李樹茁, 胡瑩. 中國出生性別比和女嬰生存狀況分析［J］. 人口與經濟, 1996 (1): 13-18.

［72］李樹茁, 胡瑩. 性別失衡的宏觀經濟後果——評述與展望［J］. 人口與經濟, 2012 (2): 1-9.

［73］李樹茁, 胡瑩, 閆紹華. 當代中國家庭生育性別偏好的影響機制研究——基於六普數據的實證分析［J］. 人口與發展, 2014, 20 (5): 69-76.

［74］李樹茁, 閆紹華, 李衛東. 性別偏好視角下的中國人口轉變模式分析［J］. 中國人口科學, 2011 (1): 16-25.

［75］李通屏, 朱雅麗, 邵紅梅. 人口經濟學（第二冊）［M］. 北京: 清華大學出版社, 2014.

［76］李瓊, 周宇, 田宇, 等. 2002—2015年中國社會保障水準時空分異及驅動機制［J］. 地理研究, 2018, 37 (9): 1862-1876.

［77］李雨潼. 中國人口性別結構分析［J］. 人口學刊, 2013, 35 (6): 61-69.

［78］李智, 張山山, 倪俊學, 等. 1953—2010年中國出生性別比變化趨勢及地理分佈［J］. 中國生育健康雜誌, 2016, 27 (1): 13-18.

［79］梁海豔, 倪超. 對中國出生性別比失衡問題的再認識［J］. 中國人力資源開發, 2018, 35 (1): 112-121.

［80］林建宇. 少數民族出生性別比問題研究綜述［J］. 雲南社會主義學院學報, 2016 (2): 80-84.

［81］劉家強. 人口經濟學新論［M］. 成都: 西南財經大學出版社, 2004.

［82］劉華, 鐘甫寧, 朱晶, 等. 計劃生育政策影響了出生性別比嗎？——基於微觀行為主體的考察［J］. 人口學刊, 2016, 38 (4): 5-16.

［83］劉爽. 中國人口出生性別比差別問題初探［J］. 人口研究, 1985 (2): 49-50.

［84］劉爽. 對中國人口出生性別比的分析［J］. 人口研究, 1988 (3): 33-36.

［85］劉爽. 生育率轉變過程中家庭子女性別結構的變化——對人口出生性別比偏高的另一種思考［J］. 市場與人口分析, 2002 (5): 1-10.

［86］劉爽. 中國的出生性別比失常及其思考［J］. 甘肅社會科學, 2007

(6): 7-12.

[87] 劉爽. 出生性別比的變動趨勢及其影響因素——一種國際視角的分析 [J]. 人口學刊, 2009 (1): 10-16.

[88] 劉爽. 中國的出生性別比與性別偏好——現象、原因及後果 [M]. 北京: 社會科學文獻出版社, 2009.

[89] 劉華, 楊麗霞, 朱晶, 等. 農村人口出生性別比失衡及其影響因素的空間異質性研究——基於地理加權迴歸模型的實證檢驗 [J]. 人口學刊, 2014, 36 (4): 5-15.

[90] 馬琳. 經濟因素對出生性別比失衡的影響研究 [D]. 保定: 河北大學, 2012.

[91] 馬瀛通. 人口性別比與出生性別比新論 [J]. 人口與經濟, 1994 (1): 7-13.

[92] 馬瀛通, 馮立天, 陳友華. 創立出生性別比新概念與構建馬馮陳 (MFC) 數學模型 [J]. 人口與經濟, 1997 (5): 3-12.

[93] 馬瀛通, 馮立天, 陳友華, 等. 出生性別比新理論與應用 [M]. 北京: 首都經濟貿易大學出版社, 1998.

[94] 馬瀛通. 出生性別比失調與從嚴控制人口中的誤導與失誤 [J]. 中國人口科學, 2005 (2): 4-13.

[95] 馬正亮. 中國少數民族人口發展與變化趨勢分析 [J]. 人口·社會·法制研究, 2012 (01): 3-18.

[96] 茅倬彥. 出生性別比影響因素的通徑分析——以第五次全國人口普查數據為基礎 [J]. 南京人口管理幹部學院學報, 2006 (4): 13-16.

[97] 米紅, 楊明旭. 總和生育率、出生性別比的修正與評估研究——基於1982—2010年歷次人口普查、1%抽樣調查數據 [J]. 人口與發展, 2016, 22 (2): 12-19.

[98] 穆光宗. 近年來中國出生性別比升高偏高現象的理論解釋 [J]. 人口與經濟, 1995 (1): 48-51.

[99] 喬曉春. 對中國人口普查出生嬰兒性別比的分析與思考 [J]. 人口與經濟, 1992 (2): 21-28.

[100] 喬曉春. 性別偏好、性別選擇與出生性別比 [J]. 中國人口科學, 2004 (1): 16-24.

[101] 喬曉春. 關於出生性別比的統計推斷問題 [J]. 中國人口科學, 2006 (6): 30-35.

[102] 喬曉春. 中國出生性別比研究中的問題 [J]. 江蘇社會科學, 2008 (2): 158-164.

[103] 覃文忠. 地理加權迴歸基本理論與應用研究 [D]. 上海: 同濟大學, 2007.

[104] 石人炳. 生育控制政策對人口出生性別比的影響研究 [J]. 中國人口科學, 2009 (5): 86-94.

[105] 石人炳, 陳寧. 單獨二孩政策實施對出生人口性別比的影響研究 [J]. 華中師範大學學報 (人文社會科學版), 2015 (2): 27-33.

[106] 時濤, 孫奎立. 中國出生性別比空間特徵與影響因素分析 [J]. 西北人口, 2014, 35 (4): 1-7.

[107] 石雅茗. 中國出生性別比異常變化及綜合治理研究 [D]. 長春: 吉林大學, 2016.

[108] 石雅茗, 劉爽. 中國出生性別比的新變化及其思考 [J]. 人口研究, 2015, 39 (4): 35-48.

[109] 宋健. 寬鬆生育政策環境下的出生性別比失衡 [J]. 人口與計劃生育, 2018 (5): 13-16.

[110] 宋健. 近10年來中國人口學方法發展回顧 [J]. 中國人口科學, 2018 (6): 115-123.

[111] 唐貴忠. 農村計劃生育的困境與對策 [J]. 人口研究, 1991, 15 (1): 53-55.

[112] 陶長琪. 空間計量經濟學的前沿理論及應用 [M]. 北京: 科學出版社, 2016.

[113] 湯兆雲. 中國出生人口性別比失衡的生育政策因素 [J]. 公共管理高層論壇, 2006 (1): 182-194

[114] 湯兆雲. 20世紀90年代關於中國出生性別比問題的研究 [J]. 人口學刊, 2007 (3): 29-34.

[115] 湯兆雲. 韓國、印度和臺灣治理出生性別比偏高的對策及啟示 [J]. 國外社會科學, 2010 (4): 68-75.

[116] 陶濤, 楊凡. 出生性別比間接估計方法 [J]. 人口學刊, 2015, 37 (2): 68-76.

[117] 田雪原. 出生性別比升高原因何在 [J]. 瞭望, 2004 (30): 59.

[118] 王菲, 劉爽. 中國出生性別比失衡區域的識別、特點及成因——基於縣 (市) 級層面的分析 [J]. 人口與經濟, 2011 (5): 9-16.

[119] 王廣州, 傅崇輝. 中國出生性別比升高的孩次性別遞進過程分析 [J]. 人口學刊, 2009 (1): 3-9.

[121] 王軍. 生育政策和社會經濟狀況對中國出生性別比失衡的影響 [J]. 人口學刊, 2013, 35 (5): 5-14.

[122] 王軍, 郭志剛. 孩次結構與中國出生性別比失衡關係研究 [J]. 人口學刊, 2014, 36 (3): 5-13.

[123] 王勝今, 石雅茗. 綜合治理出生性別比偏高的深層思考 [J]. 人口學刊, 2016, 38 (3): 39-46.

[124] 王偉. 計生政策演變背景下的農村育齡婦女再生育意願調查 [D]. 泰安: 山東農業大學, 2016.

[125] 王文卿, 潘綏銘. 男孩偏好的再考察 [J]. 社會學研究, 2005 (6): 165-193.

[126] 吳帆. 家庭發展政策視角下的出生性別比治理實踐 [J]. 人口與計劃生育, 2018 (5): 26-30.

[127] 肖宏偉, 易丹輝. 基於時空地理加權迴歸模型的中國碳排放驅動因素實證研究 [J]. 統計與信息論壇, 2014, 29 (2): 83-89.

[128] 解振明. 引起中國出生性別比偏高的三要素 [J]. 人口研究, 2002 (5): 14-18.

[129] 徐毅, 郭維明. 中國出生性別比的現狀及有關問題的探討 [J]. 人口與經濟, 1991 (5): 9-12.

[130] 玄海燕, 張安琪, 藺全錄, 等. 中國省域經濟發展影響因素及其時空規律研究——基於 GTWR 模型 [J]. 工業技術經濟, 2016, 35 (2): 154-160.

[131] 薛福根, 曾德冬. 出生性別比失衡的影響因素分析——基於湖北省人口普查數據的實證研究 [J]. 中南財經政法大學研究生學報, 2009 (6): 9-13.

[132] 閆紹華, 劉慧君. 社會變遷中性別失衡在中國演化的機制分析 [J]. 西安交通大學學報 (社會科學版), 2012, 32 (1): 52-56.

[133] 閆紹華, 李樹茁. 中國性別失衡演變機制研究 [M]. 北京: 社會科學文獻出版社, 2018.

[134] 楊博, 李樹茁. 性別失衡後果的社會風險及其社區和家庭擴散研究 [J]. 南京社會科學, 2018 (5): 89-95.

[135] 楊菊華. 出生性別比與和諧社會建設: 一個定性和定量分析 [J].

人口學刊, 2008 (1): 19-24.

[136] 楊菊華. 胎次—激化雙重效應: 中國生育政策與出生性別比關係的理論構建與實證研究 [J]. 人口與發展, 2009, 15 (4): 37-51.

[137] 楊菊華, 陳衛, 陶濤, 等. 生育政策與出生性別比的失衡相關嗎? [J]. 人口研究, 2009, 33 (03): 32-52.

[138] 楊菊華. 時間、空間、情境: 中國性別平等問題的三維性 [J]. 婦女研究論叢, 2010 (6): 5-18.

[139] 楊凡. 現代化視角下的出生性別比偏高與中國人口轉變 [J]. 人口與經濟, 2014, 5: 23-32.

[140] 楊發祥. 當代中國計劃生育史研究 [D]. 杭州: 浙江大學, 2004.

[141] 楊華. 農村婚姻擠壓的類型及其生成機制 [J]. 華中農業大學學報 (社會科學版), 2019, 142 (4): 25-34, 170.

[142] 楊洪濤. 出生性別比失衡治理問題研究 [D]. 南京: 南京農業大學, 2008.

[143] 楊魁孚, 梁濟民, 張凡. 中國人口與計劃生育大事要覽 [M]. 北京: 中國人口出版社, 2001.

[144] 楊軍昌. 西南民族地區出生性別比問題論述 [J]. 中央民族大學學報 (哲學社會科學版), 2010 (1): 49-56.

[145] 楊書章, 王廣州. 生育控制下的生育率下降與性別失衡 [J]. 市場與人口分析, 2006 (04): 18-28.

[146] 楊鑫宇. 出生人口性別比例失衡, 我們該怎麼辦? [N/OL]. 中國青年報. http://kns.cnki.net/kns/detail/detail.aspx?FileName=ZGQN201906180023&DbName=CCND, 2019-06-18.

[147] 楊雲彥, 慈勤英, 穆光宗, 等. 中國出生性別比: 從存疑到求解 [J]. 人口研究, 2006 (1): 37-49.

[148] 原新, 石海龍. 中國出生性別比偏高與計劃生育政策 [J]. 人口研究, 2005 (3): 11-17.

[149] 原新. 中國生育政策演進與人口均衡發展——從獨生子女政策到全面二孩政策的思考 [J]. 人口學刊, 2016, 38 (5): 5-14.

[150] 俞立平, 孫建紅, 劉愛軍. 自主研發與協同創新貢獻的門檻特徵研究——基於中國高技術產業的估計 [J]. 世界科技研究與發展, 2014, 36 (5): 537-542.

[151] 曾毅, 顧寶昌, 涂平, 等. 中國近年來出生性別比升高原因及其後

果分析［J］.人口與經濟，1993（1）：3-15.

［152］翟振武，楊凡.中國出生性別比水準與數據質量研究［J］.人口學刊，2009，4：3-10.

［153］張二力.從「五普」地市數據看生育政策對出生性別比和嬰幼兒死亡率性別比的影響［J］.人口研究，2005（1）：11-18.

［154］張川川，陳斌開.「社會養老」能否替代「家庭養老」？——來自中國新型農村社會養老保險的證據［J］.經濟研究，2014，49（11）：102-115.

［155］張川川，John Giles，趙耀輝.新型農村社會養老保險政策效果評估——收入、貧困、消費、主觀福利和勞動供給［J］.經濟學（季刊），2015，14（1）：203-230.

［156］張川川，李雅嫻，胡志安.社會養老保險、養老預期和出生性別比［J］.經濟學（季刊），2017，16（2）：749-770.

［157］張慧慧.性別失衡對中國貿易失衡的影響分析［D］.南京：南京大學，2015.

［158］張青.總和生育率的測算及分析［J］.中國人口科學，2006（4）：35-42.

［159］張皖松，成風皋，李中菁，等.嬰兒性比例失調要切實糾正［J］.社會，1983（2）：31-33.

［160］趙娜.中國少數民族生育政策分析［D］.長春：吉林大學，2011.

［161］鐘微微.中國出生性別比偏高特徵及分因素貢獻率［D］.長春：吉林大學，2016.

［162］周全德.新中國成立以來中國出生性別比升高的研究與治理綜述［J］.學習論壇，2013，29（4）：65-68.

［163］周垚.中國治理出生性別比偏高的公共政策研究［D］.天津：南開大學，2010.

附錄　實證模型基礎數據

省域	年份	人均地區生產總值（元）	女性平均受教育年限（年）	少數民族人口占比	第一產業從業人口占比	每萬人醫療機構數	總和生育率	農村每萬人養老機構數
北京	1981	1,526	7.11	0.03	0.28	4.58	1.58	3.87
天津	1981	1,458	6.29	0.02	0.31	4.73	1.74	1.79
河北	1981	427	4.62	0.02	0.78	1.91	2.73	1.24
山西	1981	488	5.26	0.00	0.71	2.22	2.37	0.17
內蒙古	1981	407	4.57	0.16	0.68	2.43	2.72	1.52
遼寧	1981	823	6.02	0.08	0.46	2.09	1.82	4.08
吉林	1981	496	5.59	0.08	0.55	2.05	1.85	5.33
黑龍江	1981	709	5.45	0.05	0.51	2.74	2.11	2.97
上海	1981	2,800	6.74	0.00	0.26	5.45	1.28	1.22
江蘇	1981	586	4.01	0.00	0.66	1.76	2.02	0.41
浙江	1981	531	4.26	0.00	0.62	1.99	1.94	0.15
安徽	1981	346	2.78	0.01	0.81	1.40	3.16	0.18
福建	1981	416	3.29	0.01	0.70	1.69	2.83	0.17
江西	1981	369	3.75	0.00	0.74	1.66	2.75	4.36
山東	1981	472	3.74	0.01	0.80	1.28	2.20	1.06
河南	1981	340	3.95	0.01	0.84	1.15	2.72	0.18
湖北	1981	302	4.35	0.04	0.76	1.33	2.38	0.69
湖南	1981	394	4.75	0.04	0.80	1.91	2.91	0.15
廣東	1981	550	4.59	0.02	0.73	1.37	3.17	0.85
廣西	1981	317	4.38	0.38	0.85	1.56	4.04	0.10
四川	1981	337	4.02	0.04	0.83	1.44	2.35	1.98
貴州	1981	242	2.41	0.26	0.86	2.35	4.25	0.18

表(續)

省域	年份	人均地區生產總值（元）	女性平均受教育年限（年）	少數民族人口占比	第一產業從業人口占比	每萬人醫療機構數	總和生育率	農村每萬人養老機構數
雲南	1981	294	2.61	0.32	0.86	1.90	3.86	0.05
西藏	1981	560	1.14	0.95	0.84	4.97	5.23	0.06
陝西	1981	356	4.46	0.00	0.76	2.15	2.32	0.69
甘肅	1981	367	2.83	0.08	0.81	1.97	2.75	0.05
青海	1981	459	3.07	0.39	0.71	5.01	3.97	0.00
寧夏	1981	460	3.33	0.32	0.75	2.58	3.95	0.10
新疆	1981	450	4.83	0.60	0.72	2.35	4.18	1.43
北京	1989	4,269	8.07	0.04	0.19	4.29	1.33	6.85
天津	1989	3,261	7.27	0.02	0.30	3.99	1.66	5.76
河北	1989	1,409	5.60	0.04	0.77	1.82	2.33	4.88
山西	1989	1,367	6.37	0.00	0.65	2.19	2.46	4.12
內蒙古	1989	1,377	5.84	0.19	0.65	2.44	1.97	5.72
遼寧	1989	2,574	6.91	0.16	0.49	1.99	1.51	3.75
吉林	1989	1,636	6.67	0.10	0.58	1.85	1.81	4.38
黑龍江	1989	1,808	6.60	0.06	0.53	2.62	1.71	3.79
上海	1989	5,362	7.40	0.00	0.12	5.92	1.34	4.33
江蘇	1989	2,038	5.45	0.00	0.65	1.89	1.94	4.45
浙江	1989	2,023	5.32	0.01	0.61	2.11	1.40	2.22
安徽	1989	1,136	4.15	0.01	0.81	1.36	2.51	4.31
福建	1989	1,589	4.87	0.02	0.68	1.75	2.36	1.49
江西	1989	1,013	4.88	0.00	0.78	1.52	2.46	5.72
山東	1989	1,595	5.30	0.01	0.79	1.31	2.12	3.79
河南	1989	1,012	5.47	0.01	0.83	1.06	2.90	3.61
湖北	1989	1,373	5.49	0.04	0.72	1.96	2.50	6.62
湖南	1989	1,074	5.79	0.08	0.80	1.74	2.40	2.52
廣東	1989	2,251	5.79	0.01	0.61	1.49	2.51	1.06
廣西	1989	927	5.46	0.39	0.83	1.38	2.73	0.16
四川	1989	960	5.30	0.05	0.82	1.39	1.76	3.06
貴州	1989	750	3.63	0.35	0.85	2.18	2.96	0.40

表(續)

省域	年份	人均地區生產總值（元）	女性平均受教育年限（年）	少數民族人口占比	第一產業從業人口占比	每萬人醫療機構數	總和生育率	農村每萬人養老機構數
雲南	1989	1,003	3.82	0.33	0.84	1.81	2.59	1.83
西藏	1989	1,021	1.30	0.96	0.80	4.67	4.22	4.09
陝西	1989	1,124	5.51	0.00	0.76	1.97	2.71	3.99
甘肅	1989	1,007	3.92	0.08	0.81	1.93	2.34	2.17
青海	1989	1,365	4.01	0.42	0.69	2.87	2.47	3.26
寧夏	1989	1,317	4.66	0.33	0.72	2.42	2.61	6.66
新疆	1989	1,493	6.21	0.62	0.66	2.59	3.16	3.74
北京	2000	24,127	9.65	0.04	0.13	4.53	0.67	4.43
天津	2000	17,353	8.59	0.03	0.30	2.98	0.88	6.13
河北	2000	7,592	7.38	0.04	0.71	3.10	1.29	2.93
山西	2000	5,791	7.67	0.00	0.60	4.23	1.44	4.31
內蒙古	2000	6,502	7.27	0.21	0.62	3.31	1.09	6.04
遼寧	2000	11,177	8.06	0.16	0.52	3.00	0.98	5.31
吉林	2000	7,351	7.92	0.09	0.61	2.07	0.84	4.78
黑龍江	2000	8,294	7.91	0.05	0.58	2.11	0.88	4.15
上海	2000	30,307	8.71	0.01	0.11	3.19	0.68	3.55
江蘇	2000	11,765	7.18	0.00	0.52	1.75	0.97	2.81
浙江	2000	13,415	6.90	0.01	0.34	3.64	1.04	4.39
安徽	2000	4,779	6.23	0.01	0.75	1.10	1.33	3.15
福建	2000	11,194	6.83	0.02	0.48	2.88	1.03	3.10
江西	2000	4,851	6.88	0.00	0.68	1.94	1.60	4.17
山東	2000	9,326	6.91	0.01	0.70	1.90	1.16	2.96
河南	2000	5,450	7.21	0.01	0.80	1.13	1.44	2.93
湖北	2000	6,293	7.13	0.04	0.66	1.96	1.06	4.70
湖南	2000	5,425	7.33	0.10	0.75	3.76	1.27	2.16
廣東	2000	12,736	7.55	0.01	0.38	1.56	0.94	2.34
廣西	2000	4,652	7.07	0.38	0.78	2.89	1.54	0.91
四川	2000	5,116	6.62	0.05	0.76	3.82	1.24	4.08
貴州	2000	2,759	5.22	0.38	0.82	2.39	2.19	1.79

表(續)

省域	年份	人均地區生產總值（元）	女性平均受教育年限（年）	少數民族人口占比	第一產業從業人口占比	每萬人醫療機構數	總和生育率	農村每萬人養老機構數
雲南	2000	4,770	5.66	0.33	0.79	3.15	1.81	2.08
西藏	2000	4,572	2.69	0.94	0.81	4.79	1.85	5.60
陝西	2000	4,968	7.16	0.00	0.71	2.95	1.13	2.31
甘肅	2000	4,129	5.70	0.09	0.79	2.86	1.32	3.70
青海	2000	5,138	5.26	0.46	0.72	3.57	1.54	4.38
寧夏	2000	5,376	6.32	0.35	0.64	2.46	1.69	4.86
新疆	2000	7,372	7.50	0.59	0.61	3.63	1.52	3.45
北京	2010	73,856	11.38	0.04	0.06	4.80	0.71	7.66
天津	2010	72,994	10.01	0.03	0.21	3.50	0.91	4.10
河北	2010	28,668	8.62	0.04	0.59	11.32	1.31	2.88
山西	2010	26,249	9.02	0.00	0.49	11.50	1.10	4.46
內蒙古	2010	47,347	8.69	0.20	0.50	9.13	1.07	4.71
遼寧	2010	42,355	9.26	0.15	0.44	7.96	0.74	4.95
吉林	2010	31,599	9.11	0.08	0.59	7.06	0.76	4.55
黑龍江	2010	27,076	8.97	0.04	0.55	5.76	0.75	2.65
上海	2010	77,259	10.22	0.01	0.03	2.04	0.74	8.28
江蘇	2010	52,840	8.64	0.00	0.23	3.93	1.05	4.22
浙江	2010	51,758	8.21	0.02	0.15	5.50	1.02	5.76
安徽	2010	20,888	7.52	0.01	0.54	3.86	1.48	6.15
福建	2010	40,025	8.34	0.02	0.29	7.32	1.12	3.80
江西	2010	21,253	8.08	0.00	0.44	7.64	1.39	5.42
山東	2010	41,106	8.28	0.01	0.55	6.98	1.17	3.50
河南	2010	24,446	8.33	0.01	0.66	8.05	1.30	4.23
湖北	2010	27,906	8.55	0.04	0.53	5.98	1.34	6.85
湖南	2010	24,897	8.61	0.10	0.56	9.03	1.42	6.08
廣東	2010	44,758	8.88	0.02	0.25	4.30	1.06	5.43
廣西	2010	20,292	8.09	0.37	0.67	7.10	1.79	3.97
四川	2010	22,974	7.93	0.06	0.58	8.40	1.10	7.92
貴州	2010	13,119	6.87	0.36	0.69	7.31	1.75	3.55

表(續)

省域	年份	人均地區生產總值（元）	女性平均受教育年限（年）	少數民族人口占比	第一產業從業人口占比	每萬人醫療機構數	總和生育率	農村每萬人養老機構數
雲南	2010	15,752	7.18	0.33	0.69	4.97	1.41	2.13
西藏	2010	17,027	4.70	0.92	0.75	16.53	1.05	7.11
陝西	2010	27,133	8.77	0.01	0.55	9.56	1.05	3.78
甘肅	2010	16,172	7.45	0.09	0.72	10.42	1.28	3.64
青海	2010	24,115	7.11	0.47	0.58	10.27	1.37	4.28
寧夏	2010	26,860	8.08	0.35	0.51	6.52	1.36	1.89
新疆	2010	25,034	8.81	0.60	0.61	7.32	1.53	3.11

國家圖書館出版品預行編目（CIP）資料

中國人口出生性別比及其影響因素的時空異質性研究 / 張紅歷 編著.
-- 第一版. -- 臺北市：財經錢線文化, 2020.06
　　面；　公分
POD版

ISBN 978-957-680-440-3(平裝)

1.性別 2.人口問題 3.中國

542.132　　　　109007296

書　　名：中國人口出生性別比及其影響因素的時空異質性研究
作　　者：張紅歷 編著
發 行 人：黃振庭
出 版 者：財經錢線文化事業有限公司
發 行 者：財經錢線文化事業有限公司
E - m a i l：sonbookservice@gmail.com
粉 絲 頁：　　　　　網　　址：
地　　址：台北市中正區重慶南路一段六十一號八樓 815 室
8F.-815, No.61, Sec. 1, Chongqing S. Rd., Zhongzheng Dist., Taipei City 100, Taiwan (R.O.C.)
電　　話：(02)2370-3310　傳　真：(02) 2388-1990
總 經 銷：紅螞蟻圖書有限公司
地　　址：台北市內湖區舊宗路二段 121 巷 19 號
電　　話:02-2795-3656 傳真:02-2795-4100　　網址：
印　　刷：京峯彩色印刷有限公司（京峰數位）

本書版權為西南財經大學出版社所有授權崧博出版事業股份有限公司獨家發行電子書及繁體書繁體字版。若有其他相關權利及授權需求請與本公司聯繫。

定　　價：350 元
發行日期：2020 年 06 月第一版
◎ 本書以 POD 印製發行

獨家贈品

親愛的讀者歡迎您選購到您喜愛的書,為了感謝您,我們提供了一份禮品,爽讀 app 的電子書無償使用三個月,近萬本書免費提供您享受閱讀的樂趣。

| ios 系統 | 安卓系統 | 讀者贈品 |

請先依照自己的手機型號掃描安裝 APP 註冊,再掃描「讀者贈品」,複製優惠碼至 APP 內兌換

優惠碼(兌換期限2025/12/30)
READERKUTRA86NWK

爽讀 APP

- 多元書種、萬卷書籍,電子書飽讀服務引領閱讀新浪潮!
- AI 語音助您閱讀,萬本好書任您挑選
- 領取限時優惠碼,三個月沉浸在書海中
- 固定月費無限暢讀,輕鬆打造專屬閱讀時光

不用留下個人資料,只需行動電話認證,不會有任何騷擾或詐騙電話。